誰も語らなかった明治維新秘史

薩摩という「ならず者」がいた。

佐藤眞

K&Kプレス

まえがき

世の中には、表では大きな声で語られない「真実」というものがある――ということは、読者もよくご承知のことであろうし、その例はいくつも挙げられるに違いない。

本書は、そうした「誰も語ろうとしない話」をあえて俎上に載せて、語るという歴史エッセイである。

その鍵となるのが「幕末の薩摩藩が作った贋金」である。

薩摩は西郷、大久保のみならず、黒田清隆、松方正義、森有礼などを明治新政府に送り込んだ人材の厚みがあり、また西郷と死を共にした桐野利秋、村田新八、別府晋介などといった、血気盛んにしてその心情は純にして粋である若者たちもいた。明治維新の成功にあたってはこれらの人々をはじめとする薩摩人の貢献が大であったことは筆者も承知している。

しかし、これらの人々の血と汗を熱源にするだけでは、歴史の流れを転換させることはできない。それらの燃料の起爆剤となるのが、言ってしまえば元も子もないが「銭」である。さよう、志があってもそれを支えるには資金がないと始まらぬ。これはどこの世でも、どの時代でも同じである。

では、明治維新における薩摩において、その資金はどこから来て、どのように使われたのか——その謎を本書で語ってみたいと思うのだが、実はこれは筆者の発見でも何でもない。幕末薩摩の研究をした人ならば、誰もが知っている「公然の事実」であり、そういう意味では目新しいものではない。

だが、そうした話は誰も表立って書かない。世の中には、それを言うと身も蓋もなくなる話、というものがあるのだ。歴史学者も歴史小説家も、だからそれは言わないし、書かない。嘘をついているわけではない。夢を壊すような話だから、あえて言わないだけのことだ。

事実、この本に書いてある程度のことはデータベースを調べればすぐに出てくる。大学が出している紀要などに、これに関する論文が、数は限られているが、いくつかある。そこからたぐっていけば、だいたいの事実は分かる。

本書もまあ、そうやって書かれた本なのだが、私としては「歴史の秘密」を白日の下にさらす日が来た、という意気込みがなかったわけではない。

ところが、世の中というのは皮肉なものだ。

本書を書き上げて、ようやくゲラにした時期、事実確認のために国立国会図書館のデータベースにアクセスして、いろいろと検索していたときに、それこそ膝から崩れ落ちるような文書に出会った。

それは古銭を集めている人たちの、少部数の雑誌であった。そこには堂々と「薩摩藩の鋳造した偽天保通宝」という事実が、何の気負いもなく、平然と書かれていた。もちろん、その現物の写真や、現在の取引相場が添えられていた。天保通宝の贋金は立派なコレクターアイテムであるらしい。

いやはや、これには参った。考えてみれば古銭の話なのだから、古銭マニアの人ならとっくに知っている話、常識であるのだ。

試しにヤフオクとかメルカリといったオークションサイトで「天保通宝　薩摩」というキーワードで検索してみるといい。そこにはつねに何十枚もの出物が売られているはずである。安いものだと数百円、状態のいい、希少価値のあるものは何万、何十万という値がついている。

彼らにしてみれば、私の話など「何を今さら」ということなのだろう。古銭マニア、ことに天保通宝を集めている人がどのくらいいるかは分からないが、相場が立つほどだから数百人は下るまい。それだけの数の人は知っている「常識」だった、というわけだ。

私のここまでの「苦労」は何だったのだろう。

だが、そこでもう一度、心を落ち着けて考えてみると、やっぱりこの本は出すべきなのだ、と思った。

なぜならば、数百人、数千人の人が知っている「薩摩の贋金」話は、古銭収集という閉ざされた空間からは、おそらくけっして一般には広がらない。事実、明治維新から一五〇年近く経つ今日、ほとんどの人が知らない話だ。ここで書かなければ、ずっと一部の人のみしか知らないままでこれからも過ぎていくだろう。

もちろん、本書は薩摩の贋金作りのすべてを解き明かしたわけではない。当時においては「天下の大罪」に他ならぬ所業である。その事実は当時から知る人も少なく、書き残している人も少ない。だから、ある部分は推理で補っているのも事実である。しかし、本書を読んだ人の中から、この幕末最大のミステリーとでも言うべき事実を探究しようとする人が現われれば、これを書いた甲斐もあろうかと思う次第である。

前置きが長くなった。

ここからあなたの知らない明治維新の秘密が姿を現わしていくことになる。そのミステリー・ツアーをぜひ楽しんでほしい。

佐藤眞

目次

第1章　忘れられた『明治維新史』

薩摩藩の偽天保通宝

語られざる明治維新

「歴史は勝者によって書かれる」とは言い古された言葉である。

しょせん歴史とは今日から過去を振り返って語られるものである以上、その濃淡の違いはあっても、結局はその語り手の都合に合わせたストーリーが「歴史」である。

たとえば日本近代史にしても、それは同じである。戦後七〇年以上にわたって語られてきた「戦前の歴史」なるものは、とどのつまり、日米戦争の勝者たるアメリカの立場から描かれたものであった。

またそれに対抗して唱えられた「自由主義史観」なるものも客観的な歴史であるはずはない。「しょせんは敗者の言い訳、居直りにすぎない」と断じる人も少なくない。歴史書に接するときにはせいぜい「話半分」と聞き置くのが大人の態度というものかもしれない。

だが、そこまでは埋屈として分かっていても、現実にそうと知って歴史に接するのはなんとむずかしいことか。我々は知らず識《し》らずのうちに「勝者の作った歴史」に親しみ、その呪縛の中で暮らしているのである。

日本人の場合、その典型的なるものは明治維新をめぐる物語だろう——というのが私の見立てである。

維新からこのかた、どれだけの「幕末史」「維新史」が書かれ、また、幕末の志士たちを主人公にした小説が書かれてきたか分からない。それだけの分量の本が書かれてきたからには、明治維新については「語り尽くされた」と思うのが普通であるし、筆者も長らく思ってきた。

幕末維新ものでは、勝者の側である薩長サイドの物語はもちろん、敗者たる徳川将軍をはじめ、勝海舟などの幕臣、白虎隊に代表される譜代、親藩の逸話もたくさん扱われているし、新撰組に至ってはゲームや映画のキャラクターになるほどで、もはや国民的アイドルと言っても大袈裟《おおげさ》ではあるまい。

歴史学においても、幕末維新史の見直しはずっと行なわれてきている。さすがに「新発見」というようなものはないにせよ、時代に即した新しい角度からの研究は数多く、それらを追いかけているだけでも、歴史というものはスタティック（静的）なものでなく、つねに内容が書き換えられていく、ダイナミックなものだと痛感させられる。

残念なのは、そうした新しい研究成果が一般に広まるまでにはたいへんな時間がかかるということだ。先ほど挙げた「自由主義史観」にしても、その内容は最新の歴史学からすれば、カビの生えたような代物であり、もうちょっとアップデートしてはどうかと、余計なお世話を言いたくなる。

それはさておき、筆者は商業出版社で三〇年近く単行本の編集に関わってきた。歴史の専門家ほどではないにしても、それでも普通の人よりはずっとたくさんの歴史関係の書籍に触れてきたつもりである。明治維新はその中でも重要なテーマで、何冊もの本を手がけてきたし、それこそ新しく出た研究書などもできるかぎり読んできたつもりだ。

だが、そうした新しい維新史でさえ、まだまだ「勝者の歴史」の域を出ていなかったと知ったのは数年前のことだった。

谷沢永一と渡部昇一とが語り合った空間

筆者がその本のことを知ったのは、故・谷沢永一《たにざわえいいち》先生の本がきっかけであった。

谷沢永一先生は一九二九年（昭和四）生まれ、大阪市の出身。関西大学の教授にして、日本近代文学における書誌学者として第一級の存在であったと同時に、「人に遭ったら人を斬り、鬼に遭ったら鬼を斬る」とまで言われた辛口の文芸評論家としても知られた人である。このように書くと、実に恐ろしげな、気難しそうな御仁を印象するかもしれないが、しかし、日常の谷沢先生は実に穏やかで、私のような素人がそれこそ素人まるだしの質問をしても、呆れることなく「それはですな……」と一から十まで、懇切丁寧に、しかもそれでいて堅苦しくなく、時には明治文壇のゴシップなども取り混ぜながら語ってくださる「座談の名手」とも言えるお方であった。

その谷沢永一先生が肝胆相照《かんたんあいて》らす仲間として親しくしておられたのが、一つ歳下の渡部昇一《わたなべしょういち》先生で、私はその渡部先生の担当を長らくしていた関係で、渡部先生と谷沢先生が月に一回程度、新宿の、今はない「真紀」というスナックで歓談なさっているところに同席させていただいた。

それは一九九〇年代のころだったと思う。

「真紀」は新宿区役所通りから一本、新宿駅寄りに入ったところにある雑居ビルの二階にあって、その大きな木のドアが目印の店だった。いつ行っても、我々くらいしか客がいないところだったが、両先生にとっては古くからの馴染みの店で、薄暗い店内は書斎のような雰囲気も醸《かも》し出していた。

渡部昇一先生については、いずれ書くことになろうから、ここでは簡単にしか触れない。私にとって渡部先生は書籍編集者として、初めて担当させていただいた著者で、私の教養の基礎はほとんどこの渡部先生の導きによると言ってもいい。本職は上智大学文学部教授として英語学史を講じておられたが、その教養の幅は傑出していて、それこそ古今東西の歴史や文学に通暁《つうぎょう》されていた。結局、未完に終わったが先生の『日本史から見た日本人』（祥伝社）は、個人の手による、それも歴史家ではない個人の手による新たな日本通史を描くという壮大な気宇の下に記されたものである。小生はその中の『昭和編』を担当させていただいた（この他、渡部先生の本は共著を含めて一〇冊以上、作らせていただいている）。

　この渡部先生と谷沢先生の友情は本を通じて始まった。ご両人が初めて対談した『読書連弾』、それに続く『読書有朋《ゆうほう》』（ともに大修館書店、後に『読書談義』として合本）という書物談義は打てば響く、丁々発止、縦横無尽……といくら形容詞を重ねても言い表わせないほどの傑作対談である。しかも、このとき二人は初対面であったというのだから、まさに奇跡の出会いと言えるだろう。

　そんな二人が毎月、新宿区役所裏の雑居ビルの中にあるスナックで酒を酌《く》み交《か》わす場に居合わせることができたのだから私は本当に幸せ者であった。

　大阪に住む谷沢先生なのに、なぜ月に一回はかならず真紀で渡部先生と「密会」をしていたかというと、実は某大手出版社が行なっていた研究会があって、お二人ともそのメンバーで、その二次会として新宿に流れてこられたのだ。

　本当ならば、その某出版社の編集者がついてくるのが筋なのだろうが、なぜかそこの会社の人間は一度も現われたことがない。

　食い意地の悪い私などからすれば、実にもったいない話だと思うのだが、大きな会社の編集者というのは会社の看板で仕事ができるので、わざわざそんな手間をかけないのである。実際、月に一回は谷沢先生、渡部先生をはじめとして、当時の保守論壇の人たちを集める力があるのだから、スナックでお相伴《しょうばん》にあずかるなどということは考えもしないのだろう。おかげで私は、すばらしい「おこぼれ」を頂戴することができたのだから、ありがたいかぎりである。

谷沢永一が開高健に薦めた「特上の一冊」

その谷沢先生も渡部先生も、すでにこの世にはおられない。会いたくてももう会えないのは悲しいかぎりだが、しかし、御両所ともたくさんの本を遺しておられる。それらの本をひもとけば、今でもお二方の声は私の心に甦《よみがえ》ってくるし、それどころか「ねえ、サトウさん」という、ちょっとかすれた感じで、どこか女性的な谷沢先生の声も、「サトウ君、それはだね」という渡部先生の、腹から出てくる男らしい声も聞こえてくる。書物というのはどんなに立派な墓碑よりも長く世の中に残り続けるものであるとはよく言われることだが、私にとってはお二方の本を読むのは、お二方のお墓詣《はかまい》りをするようなものだとつくづく思う。

さて、その谷沢先生が亡くなって（二〇一一年）から何年かしたころだが、『文豪たちの大喧嘩』（二〇〇三年、新潮社。のちにちくま文庫）を何気《なにげ》なく読んだ。この本は発売当時、読売文学賞も受賞しているのだが、うっかり読み落としていた。例によって、谷沢先生のお墓詣りをするような気持ちで読んだ。

この本はタイトルのとおり、明治の大文豪である森鷗外《もりおうがい》、坪内逍遥《つぼうちしょうよう》、高山樗牛《たかやまちょぎゅう》の三名の間で交わされた——といっても、その多くは鷗外が惹《ひ》き起こしたものだが——論争を追ったものであるが、そのあとがき（跋《ばつ》）で、親友で作家の開高健《かいこうたけし》から「明治維新について勉強をしたいんやが、いい本があったら紹介してくれ。ただし、長いのは困る」という連絡があり、即座に「坂田吉雄《さかたよしお》の『明治維新史』を読め」と返事をしたという思い出話がほんの短く記されていた。

昭和52年の秋であったか、夕暮れになるといつもの通り、開高健が電話してきて、永ちゃん、近代文学論争史を書け、と言う。突拍子もないことを指示するのは恒例である。例えば、耶律楚材《やりつそざい》（筆者注・モンゴル帝国初期の政治家）の伝記が出てたろう、それを読みたい、と宣《のたま》う。この程度なら私も気楽で、ああ、岩村忍《いわむらしのぶ》さんやな、わかった。或る時は、言海《げんかい》の初版本、それもあんまり使うてないやつやで。またまた或る時は、明治維新がサッとわかるような本、一冊だけ。私は坂田吉雄の『明治維新史』を送った。この学者は厚い本を出さない。

この文章でも分かるように、開高健と谷沢永一先生とは大学時代からの親友であり、文学同人「えんぴつ」を作ったのも、この二人だった。開高が芥川賞を受賞し、谷沢先生が関西大学の教授になってからもその友情は続く。その長き交友のあり方は谷沢先生の『回想　開高健』（新潮社）に詳しい。

その谷沢永一先生は国文学の中でも書誌学の専門家であるから無論、日本史方面についても学殖が深い。無慮《むりょ》、十数万冊と言われた書庫にはどれだけの明治維新関連本が並んでいたか想像もつかぬ。司馬遼太郎とも親しく付き合っていた谷沢先生が「明治維新で一冊だけ」と開高から頼まれたときに、即座に挙げたのが坂田吉雄という、聞き覚えのない歴史学者のものであったことに興味を覚えた。

坂田吉雄の略歴はネットで調べても、さほど詳しくは得られない。「一九〇六年生まれ、京都帝国大学の哲学科を卒業して、同大学の人文科学研究所で助教授、後に教授となって七〇年の定年退官まで勤め上げた。著書には『町人』『戦国武士』『士魂商才』などがある」とそっけなく記されている。京大人文研といえば、桑原武夫《くわばらたけお》、貝塚茂樹《かいづかしげき》、今西錦司《いまにしきんじ》、梅棹忠夫《うめさおただお》といった、錚々《そうそう》たる学者たちが集まって、いわゆる「京都学派」の一翼を担った集団であるが、おそらく坂田吉雄の名前を知る人は少ないだろう。

さっそくその本を古書店で探して読んでみることにした。昭和三十五年に初版が出た、坂田の『明治維新史』（未來社）はオンライン古書店で調べると何冊もヒットするから、当時はそれなりに売れたのであろうことは想像がつく。だが、今日に名前が伝わっていないわけだし、古書価も高くはない。正直、あまり期待せずに注文した。

ところが、届いた本を読み始めて驚いた。

すでに今までに多くの人々によって明治維新史が書かれている。そういう中で私があえて明治維新史を書いたのは、私が明治維新についてそれらの人々とちがった解釈を持っており、その解釈に多少の自信があったからである（『明治維新史』あとがき）。

いやはや、これは「多少」どころではない。水戸学が王政復古ということを言いだしてから、実際に維新復古が行なわれるまでにはさまざまな動乱が起きたわけだが、その背景にはいかなる事情があったのかを、独自の視点から解き明かす、その内容はまさに「目から鱗《うろこ》」の連続で、これまでどの本でも読んだことのない話に満ちているではないか。

中でも筆者がひっくり返るほど驚いたのは日本の最南端、いやもっとはっきり言えば辺境にあたる薩摩がなぜ二百数十年にわたる徳川幕府の支配を転覆したかということについての「謎解き」である。

「司馬史観」では革命は行なえない

薩摩藩がどのようにして維新回天《いしんかいてん》の業をなしたのかについて、最も人口に膾炙《かいしゃ》した物語を書いたのは言うまでもない、司馬遼太郎である。司馬はその長編小説『翔ぶが如く』『坂の上の雲』において、西郷隆盛《さいごうたかもり》と大久保利通《おおくぼとしみち》という二人の男たちが「明治という国家」を作り上げたさまを精緻《せいち》に描いて、戦後日本における明治維新のイメージを決定づけたと言ってもいいだろう。しかも、司馬の場合、その執筆の背景には徹底したリサーチがあったことは有名で、その内容についての信頼度も高い。

だが、坂田の『明治維新史』を読んで分かったのは、この「司馬史観」ですらも、一種の「勝者の物語」でしかなかったということだ。司馬は『燃えよ剣』で新撰組の物語を、『最後の将軍』で徳川慶喜《よしのぶ》を、『峠』では越後長岡の河井継之助《かわいつぎのすけ》を描きと、明治維新の「負け組」についてもきめ細かに描いているわけだから、単に明治新政府の側に立っているわけではない。このような複眼で書いたからこそ小説家でありながら「司馬史観」と言われるわけだが、その「史観」もやはり一つの視点、あるビュー・ポイントからの歴史にすぎない。それは何かというと要するに「日本人を元気にする歴史」である。

司馬が活躍した昭和三十年代から五十年代にかけての日本は高度成長期にあって、敗戦からの復興というチャレンジに確実に成功しつつあったが、「自分たちの成功は本物なのか」という深刻な悩みに遭遇していた。

つい数十年前には手ひどい敗戦をして、そこからはアメリカの核の傘の下、復興を遂げてきたが、それはしょせん借り物の繁栄、はりぼての景気ではないかという疑いである。それに対して司馬遼太郎はあくまでも明るい調子で、「日本には輝かしき歴史がある」と語って国民を励ました。

その中でも、ひときわ褒《ほ》め称《たた》えたのは明治維新であった。つまり、戦後の日本が繁栄をしたのはけっしてまぐれでもないし、アメリカの模倣でもない。日本経済発展の原点には明治維新という、世界史上、類を見ない近代化の成功体験があるのだという司馬の励ましは日本人を奮《ふる》い立たせたのである。

しかし、本当のところ、革命とはけっして明るいものではない。革命家の手はつねに血にまみれている。それは明治維新とて例外ではない。

だが、司馬遼太郎は努めてその側面を描かない。それは「日本人を元気にする」という大きな目的からすれば正しい選択であろう。だが、端的に言って、いくら司馬遼太郎の作品を読んでも、革命はできないのである。そこには革命に必要不可欠な権謀術数のテクニックは省かれているし、革命における権力と暴力の適切な使い方が学べるわけでもない。そして何より、革命にとっての「筋肉」（後述）とも言える、カネの話が出てこないのだ。

だが、坂田吉雄の『明治維新史』にはその要諦が簡潔に語られている。革命思想がいかに人々をあおり立て、権力者たちの利己的な思惑がどのように世の中を動かしたか、そして、革命に必要なカネはどうやって調達するのか——そのヒントを書いたのが『明治維新史』だと言っても過言ではない。

断わっておくが、坂田吉雄はけっして「自虐史観」だの「左翼史観」だのとは縁がない。彼はすぐれた歴史家であり、すぐれた歴史家であるからこそ、このようなプラグマティックな、そしてリアルな革命像を描けたのである。そうご理解いただきたい。

建国神話としての幕末維新史

さて前置きが長くなったが、この坂田吉雄の『明治維新史』をひもといて、筆者が最も膝を打ったのは「なぜ薩摩藩が明治維新の主人公となりえたのか」という理由である。

維新の主役は薩長土肥と言われる。

だが、この革命を事実上、動かしたのは薩摩、中でも西郷隆盛であり、大久保利通であることに異論を唱える人はいないであろう。たしかに長州に高杉晋作《たかすぎしんさく》、桂小五郎《かつらこごろう》（木戸孝允《きどたかよし》）、土佐に坂本龍馬《さかもとりょうま》、そして公家《くげ》には岩倉具視《いわくらともみ》がいた。彼らの存在も明治維新においては重要だが、不可欠とまで言えるだろうか。これに対して、西郷や大久保のいない明治維新は考えられない。

とはいえ、この二人はしょせん一介の薩摩藩士にすぎない。いかに才気あふれ、人望を集めた男たちであったといえども、それだけで一国の運命を動かせるはずもない。そこには何か、プラスアルファがなくてはなるまい。敵は徳川幕府。それに斬りかかるには知恵や度胸だけでは済まないのだ。

だが、そのプラスアルファが何かを近代の日本史はずっと隠してきた。なぜ隠してきたかというと、それを言えば「身も蓋もなくなる」からである。

社会学者が指摘するとおり、人の世は「共同幻想」がなくてはまとまらない。社会とは欲得だけで作られるものではない。そこに共通の価値、ファンタジー、あるいは神話がなければ、集団はあっという間にバラバラになってしまうのである。その夢やファンタジーをぶち壊すようなリアリティは必要ないのだ。

どんな国にも建国神話が必要なのは、そのためである。それは移民国家アメリカでも例外ではない。アメリカはデモクラシーを実現する天命を与えられた「神の国」なのだという理念がかの国の凝集力を高めている。

そして近代日本において、そこに当てはまるのが「明治維新という建国神話」なのである。もちろん、現在から二六〇〇年以上を遡《さかのぼ》る神武《じんむ》天皇の建国物語も近代日本にとって柱石《ちゅうせき》となるべき神話ではあるが、それとともに「欧米列強が虎視《こし》眈々《たんたん》と日本を植民地化せんとしたときに立ち上がった維新の志士たち」の神話もまた近代日本の中心にデンと座った共同幻想なのである。司馬遼太郎もまたその神話の語り部、巫女《みこ》であったにすぎないと書くのは言いすぎであろうか。

薩摩の驚くべき錬金術

ではそうした神話のベールを剝《は》がしたときに、明治維新はどのような姿を見せるのか。その主役となった薩摩藩の真の姿はどのようなものであったのか。

それは坂田吉雄の『明治維新史』を読めば分かる――と書くのではあまりに不親切であろうから、筆者なりにその読み所、勘所《かんどころ》を紹介したい。

それは幕末の薩摩の恐るべき「錬金術」の話である。

幕末の薩摩が攘夷《じょうい》から開国に転じたのは、一八六三年（文久三）の薩英戦争からであったことはよく知られている。その前年に薩摩藩士が起こした生麦《なまむぎ》事件に関して、犯人の処刑と賠償を求めるべく鹿児島湾に来航したイギリス艦隊に対して薩摩藩士たちが無謀にも奇襲を掛けるなどしたために、英国は薩摩藩の砲台に攻撃を開始し、その結果、薩摩藩は大損害を被ったわけだが、この経験から藩論は大きく変わり、積極的に西洋流の武器や戦術を採《と》り入れることになった。

さて、そこで先立つものはカネであるが、もちろん一藩を挙げて西洋式軍備に変更できるほどの財力が薩摩藩にあるわけはない。

第一、このときの薩摩は英国に対して賠償金として二万五〇〇〇ポンド、六万両あまりを支払うことになっていたが、「そんなカネはない」と幕府に泣きついて立て替えてもらったくらいである。また、英国艦の砲撃によって、城下町の一割は焼失（死者は少なかった）していて「戦後復興」もせねばならない。このとき、イギリスは敵方の薩摩に対して、軍艦購入を斡旋《あっせん》してやるという温情を示してくれた。これは、勇猛な薩摩に恩を売っておけば、後々の役に立つという、英国の思惑もあってのことだが、その軍艦を買うカネはいったいどうすればひねり出せるのか。

薩摩藩は他の藩と同様、けっして金回りがよかったわけではない。

これは後述することになるが、その三〇年ほど前に薩摩は五〇〇万両におよぶ借金をほとんど踏み倒す形で財政の健全化（！）を断行して、なんとか財政破綻は免《まぬか》れたがけっして裕福というわけではない。

たしかに薩摩藩は事実上、支配していた琉球が中国との間で行なっていた朝貢貿易を隠《かく》れ蓑《みの》にして、大陸からの貴重な物資や贅沢品《ぜいたくひん》を密輸入していた。また奄美大島《あまみおおしま》産のサトウキビを専売制にして、そこから苛烈《かれつ》な収奪を行なっていたことも有名だ。そういう点では他藩よりも収入源があったとは言えるが、しかしながらその程度の「経済力」では、大樹《たいじゅ》と当時は言われた徳川幕府を倒すことなど、とてもできるはずはない。

また地理的に見ても、列島の南端に位置する薩摩藩は幕府にとっては外様《とざま》であり、中央政界に影響を与えるにはハンディキャップのほうが大きいと言えよう。

なのに、なぜ薩摩は幕末の動乱の中で、つねに大きなプレゼンスを保《たも》ち、政治の流れを左右できたのか――その鍵となるのが、天をも恐れぬ「贋金作《にせがね》り」であった。

そう、幕末の薩摩は贋金を作って作って作りまくった。あまりにも作りすぎたために、幕末の経済はそれによって混乱するほどだった。

だが、この贋金を作ったからこそ、薩長連合は成立したと言ってもいいし、戊辰《ぼしん》戦争の勝利もあったと言っていい。

成功したテロリストは革命家と呼ばれる

もちろん、「常識」からすれば贋金作りは犯罪行為である。ましてや、それが藩という、いわば小国家の単位で行なわれたとすれば、それは犯罪を超えて、経済テロと言っても過言ではない。いかに薩摩藩が維新回天の志を高く持っていたとしても、それで帳消しになるというものでもあるまい。

だが、失敗したテロリストはテロリストだが、成功したテロリストは革命家と呼ばれる。

薩摩はテロリストではあったが、同時に、見事な革命家集団であったと言えるだろう。

明治維新の主役は「薩長土肥」の四藩であったと言われるが、その実、明治維新という革命のエンジンとなったのは、他ならぬ薩摩藩であった。そしてその燃料となったのは贋金であったということになる。

このことは実は小生の発見でもないし、また坂田吉雄だけの見解でもない。実は歴史学界において薩摩が贋金を作っていたという事実は、周知のことと言っていい（巻末参考文献参照）。

では、なぜそのことがこれまで大っぴらに書かれてこなかったのか。

それはまず第一に、この贋金作りをやった当人たちが明治新政府の主人公となったからである。「歴史は勝者によって書かれる」と冒頭に書いたが、まさに日本でも同じことが行なわれてきた。これを私は歴史の改竄《かいざん》とまでは言わないが、しかし、維新の陰の部分は書かないでおこうという意図がそこには必ず働いていたはずである。

また、それと同時に、その「歴史」を受け取る側の国民もまた美しい物語、勇気の出る物語を求めていた、ということも大きい。たとえば、革命には流血が付き物である。しかし、そうしたネガティブな話は誰も聞きたくはない。自分のご先祖さまがそのような「犯罪」の片棒《かたぼう》を担《かつ》いでいたということは知りたくもない。だからこそ、司馬遼太郎の『翔ぶが如く』『坂の上の雲』など、明治維新を明朗に描く、一連の作品が今でも読み継がれているのである。

しかし、私たちは明治維新の「神話」にあまりにも束縛されているのではないか。

たしかに明治維新は世界史的に見ても、希有《けう》な出来事だ。白色人種が地球上のほぼ全域を支配しつつある中で、有色人種の日本人が曲がりなりにも近代国家を作った。西洋近代文明はその名のとおり、西洋という文化伝統、知的土壌の上に成り立ったものであり、近代国家もまたしかり、であった。それをまったく文化も歴史も共有していない日本が自ら近代国家への道を選択し、試行錯誤の末に白人国家からも認められる国になった。

これはまさに偉業としか言いようのないことである。

だが、それはけっして「綺麗事《きれいごと》」だけで行なわれたことではない。現実をリアルに認識し、現実の重さに圧倒されないという知的体力なくしてはなしえないことである。端的に言えば、美しく見える文明の陰には、腐臭漂《ふしゅうただよ》う現実があるのである。

その現実の壁を突破し、既成の権力を打破するのは単なるインテリには不可能である。彼らインテリは既成の常識を「変えられないもの」と思い、そこを突破することはできない。本当に歴史を変えられるのは、常識を常識とも思わず、平気で乗り越えられる人々である。言い換えれば、法を法とも思わず、平気で犯罪をも行なえる人々、つまりはテロリストでなければならない。

薩摩藩が倒幕のために贋金を作ったというのも、まさにそういうことなのである。

では、いったい日本列島の南の端にあった、貧乏藩がなぜこのような先鋭的なテロリスト、いや、革命集団になりえたのか。そして、具体的にどのようにして、贋金作りというテロ活動を行なってきたか、そこを追ってみたいと思う。

第2章　「戦争の筋肉」とは何か

西洋式軍装に身を包んだ幕府軍（1865年）

カネこそが戦争のエンジンである

古代ローマで最も優れた著述家とされるキケロは「カネは戦争の筋肉である」（The sinews of war are infinite money.）と喝破《かっぱ》した。

貨幣はしばしば経済の血液に喩《たと》えられたりもするが、「戦争のエンジン（すなわち筋肉）は他ならぬカネである」と説いたところにキケロの真骨頂があると言えよう。あらゆる事業において、ヒト・モノ・カネは欠かすことのできない三要素であるが、こと戦争においては「カネ」がないことには指一本動かすことができない。資本主義の今日ならば、誰もがたやすく首肯《しゅこう》する話だが、それを今から二〇〇〇年も前のローマ人が言っているというところに重みがある。ローマ人たちは、自分たちの世界（＝価値観）を守るためならば命を投げ出しても惜しくないとする人々だったが、その彼らにしても自国を守るためには理想や情熱だけでは不足で、先立つものはカネであった。

といっても、これはカネで武器をあがなうという、即物的なものだけを意味しない。かりに武器が揃っていたとしても、ローマ市民たちにその武器を取ってもらうためには、彼らがもし戦死した場合、後に残された家族たちの生活や未来を保障しなくてはならない。ローマ市民こそがローマの盾《たて》であり、矛《ほこ》であるとするならば、彼らが心おきなく戦場に立つためには今日で言う「生活保障」がなくては始まらない。

こうしたリアリスティックな戦争観があったればこそ、ローマは巨大な帝国にまで成長した。裏を返せば、そうした心配りがなくなり、権威でもって人民を動かし、軍隊を動かせると勘違いしたときからローマの凋落《ちょうらく》は始まったと考えてもいいであろう。

二十世紀初頭の「スーパーパワー」であったロシアを相手に日露戦争に勝てたのも、カネこそが筋肉であることを伊藤博文をはじめとした政府首脳が理解していたからだった。

伊藤たち元勲がロシアに対して戦争を仕掛けるときにまず考えたのが、どれだけ国際金融市場から軍資金を調達できるか、ということだった。

そこで選ばれたのが後に大蔵大臣となる高橋是清《たかはしこれきよ》だった。この当時、是清は日銀副総裁にすぎなかったが、若い頃、単身でアメリカ留学をし、一時期は奴隷同然の扱いをされたという経験を持っていた。また日本に戻ってからもペルーの事業に投資をして失敗し、塗炭《とたん》の苦しみを味わっている。「カネのないのは首のないのと同じ」とはよく言われることだが、高橋是清ほどそれを知っている男は政府内にいなかったので、イギリスやアメリカに行って、投資家に日本の国債を買ってもらうにはこの男しかいないと思われたのであろう。

事実、高橋はこの重要なミッションを見事に達成した。新興国であった日本に当初、ロンドンやニューヨークの投資家たちは冷たかった。だが、ユダヤ系の「クーン・ローブ商会」のジェイコブ・シフが戦時国債を総計二億ドルも購入してくれたことをきっかけに、「日本買い」をする投資家たちが現われて、高橋は日本政府の期待に応えることができた。

ちなみにシフが日本の戦時国債を買ってくれたのは、当時のロシアがポグロムと呼ばれるユダヤ人排斥を行なっていたことへの復讐があったと言われるが、しかし、シフも商売人である以上、日本にも勝ち目があることを冷静に見ていたのかも知れない。

ところが、こうしたセンスは昭和に入るとまったくと言っていいほど失われてしまった。日米開戦を決めたのはＡＢＣＤ包囲網によって「このままではジリ貧になる」という恐怖があったからだが、だからといってどこからかカネを調達しようという頭は日本の首脳にはなかった。せいぜい中国大陸で阿片《あへん》を売るくらいのアイデアしかなかったのだからお粗末きわまりない（ちなみに、その阿片売買を推進したのが、当時、満洲国の高級官僚だった岸信介《きしのぶすけ》と言われているのはあまりにも有名な話だ）。

もちろん、日本の経済界でもモノの分かる人たちは「カネは戦争の筋肉である」という現実をよく知っていた。そして、その筋肉の量において圧倒的に日本がアメリカに劣っていることも、彼らはよく分かっていた。だから経済界の重鎮である渋沢栄一《しぶさわえいいち》などは、対米戦争は絶対に避けるべきであると考え、そのための策として「アメリカからどんどん借金をすべし」と提唱していた。

正確な言い方は忘れたが、「あなたが銀行から一〇〇ドルを借りていたら、あなたは銀行に所有されているようなものだ。だが、あなたが銀行から一〇〇万ドルを借りていたら、あなたが銀行を所有しているのと同じである」という警句がある。

カネは借りれば借りるほどいい。そうすれば、貸主はそう簡単に君のことを取り潰すことはできなくなる。なぜならば、そうしてしまったら借金は永遠に取り返せなくなるからだ、という意味だ。

渋沢栄一らがアメリカからどんどん借金をせよと言ったのは、まさにそれだった。

アメリカから借りれば借りるほど、アメリカは日本を潰すわけにはいかなくなるし、また、その借りた金でもって産業の近代化を図れば、ますます国力も大きくなる。だが、そうした実業家たちの「世間知」を当時の軍部は――いや、今の日本の政治家や官僚もそうかもしれない――まったく理解できず、「筋肉」もないまま、アメリカとの戦争に突き進んでいった。

ラテン語の名言・名句辞典を暗記した渡部昇一先生

「カネは戦争の筋肉である」という言葉を教えていただいたのは渡部昇一先生であった。

渡部先生は「知的トレーニング」として、何年かに一度、岩波書店の『ギリシア・ラテン引用語辞典』(田中秀央、落合太郎編著)で、ラテン語の名言・名句をAから順番に覚えていくという「趣味」を持っておられた。車で移動中のときなど、重たい黒いカバンから辞書の一部をコピーしたものを取り出して、そこに書かれている故事成語や名句をぶつぶつと暗唱しておられた。歳を取って、記憶力が落ちていないかをチェックするためなのだとおっしゃっていたのだが、ラテン語パートだけで全八〇〇ページもある辞典を覚えようなど、とても普通の人には考えもつかないことだし、ましてや実行しようとも思わないことだが、それを自慢するでもなく、黙々と実行なさっているところを見るにつけ、「これこそ本当の学者だ」とつくづく思ったものである。

私が一九九九年、集英社インターナショナルに転職し、当時の社長であった島地勝彦さんから『月刊PLAYBOY』で渡部先生に連載をお願いしたい」と言われたときにまっさきに思い出したのがこのことで、それを先生にご相談したところ、快諾していただいた。この連載は後に『ローマ人の知恵』(現在、ワックより刊行)として単行本となった。単に名言・名句の解説ということにとどまらず、文字どおり、人生の知恵、あるいは歴史の教訓として、そのエッセンスを敷衍《ふえん》していくところに渡部先生の名エッセイストぶりが現われていたと思う。

そして、その連載のおそらく最初のころに、この「カネは戦争の筋肉である」という名言が紹介されていたので、ひじょうに印象深かった。

その後、東京日仏学院（今のアンスティチュ・フランセ東京）と一緒に本を作ることになって、その打ち合わせを先方の学院長（もちろんフランス人）としているときに、当然ながら予算の話になった。双方、いい本は作りたいが、先立つものはカネである。こちらももちろん応分の負担をするが、フランス側にもそれなりの予算を組んでもらわないとならない。

そういう話をしている中で、つい知ったかぶりで「何と言っても、カネは筋肉ですからね」と（もちろん日本語で）言ったら、学院長が飛び上がるほどに驚いたので、こっちまでびっくりした。「なぜ、君は日本人なのに、そんな古いことわざまで知っているのかね」と言うので、「いや、たまたま聞きかじっただけですよ」と誤魔化《ごまか》したが、フランス人のエリートたちはギリシャ、ラテンの古典を高校時代に勉強すると聞いていたのは本当だったのだと納得した次第である。

「多少の自信」

さて、余談が長くなってしまった。

文豪・開高健から「たった一冊、明治維新の本を」と求められたときに谷沢永一先生が即座に思いついた坂田吉雄『明治維新史』は、実に面白い本であった。いや、面白いというのを通り越して、驚嘆したと言ったほうがいい。
なぜ、江戸末期になって急に、武士たちが皇室を崇敬するようになったか、そしてこともあろうに御三家の一つである水戸徳川家が尊皇攘夷論の総本山になったのか、といった事情から始まって、ペリー来航、志士の発生、開国、安政の大獄とあっという間に世の中が変わっていき、ついには明治維新に至った——その事情と経緯とを、文字どおり「掌《たなごころ》を指す」がごとく、分かりやすく、しかも、普通とはまったく違った角度で語られている。
もう一度、引用するが筆者の坂田は「あとがき」にこう記している。

すでに今までに多くの人々によって明治維新史が書かれている。そういう中で私があえて明治維新史を書いたのは、私が明治維新についてそれらの人々とちがった解釈を持っており、その解釈に多少の自信があったからである。

もちろん坂田が「多少の自信」と書いているのは謙遜の表われなどではない。むしろ、本当は「世に出回っている明治維新史は、ピントの外れた物語であって、その本質を摑《つか》んでいない」という確固たる信念があるからこその書き方であり、しかも、自分はそれをわずか二六六ページという短さの中に要約してみせたという、誇りもここには込められていると見るべきだろう。

事実、坂田吉雄は明治維新に関する本はこれしか書いていない（編著として『明治維新史の問題点』などはあるが、単著はない）。この一冊に言うべきことはすべて書いたという思いで、このあとがきを書いたのではないかと推察せられる。

なぜ長州は幕府軍に勝てたのか

さて前置きが長くなってしまったが、私が一読して椅子からひっくり返るくらい驚いたのは、同書の中にある「尊皇倒幕とカネ」をめぐる記述である（第二章第九節　尊皇倒幕）。

坂田は長州征討（元治元年、一八六四年）のことを話の糸口としている。以下は私なりの要約である。

あくまでも攘夷論を引っ込めず、幕府や朝廷に対して強硬であった長州はついに禁門《きんもん》の変《へん》を犯して、御所を武力占領しようとした。だが、朝廷の守護を任されていた薩摩・会津《あいづ》・桑名《くわな》の三藩の前に長州軍は撤退を余儀なくされ、ここに長州征討の勅命が下りることになった。

幕府は早速、西日本の二一藩に命じて征討軍を編制して、征長総督に徳川慶勝《とくがわよしかつ》（尾張徳川家）を任命した。征討軍の進発がなかなか進まぬ中、長州のほうが先手を打って、三家老の首を提出し、政府要員四人を処刑したので、いったん征討軍は解散となった。

だが、それと並行する形で長州内では高杉晋作、伊藤博文、山縣有朋《やまがたありとも》らの攘夷派（正義派）がクーデター（功山寺《こうざんじ》挙兵）を起こして藩政を握ることに成功する。

つまり長州藩は結果として表向きは幕府に恭順するも、その実はますます幕府に対して強硬な姿勢を採ることになったわけで、長州征討は大山鳴動《たいざんめいどう》して鼠一匹《ねずみいっぴき》、結局、何の成果も挙げなかったどころか、かえって「大鼠」が現われたようなものだった。幕府は長州の藩主親子、および長州に逃げ込んでいる攘夷派の五公卿を江戸まで引っ立てて、死刑にするつもりでいたが、藩主たちは一向に出頭もせず、幕府の面目は丸つぶれになった。

そこで、再び征討軍が結成されることになったのだが、この間の情勢を見て、それまで公武合体を模索していた薩摩藩はついに幕府に見切りを付け、長州と秘密裏に同盟を結び（薩長連合）、征討軍に加わらないことになった。

征討軍の柱とも言うべき薩摩軍の不参加は幕府にとっては痛手であったが、第二次長州征討が行なわれることになった。だが、慶応二年（一八六六）の六月から八月にかけて行なわれた戦闘で、征討軍は、芸州《げいしゅう》口から攻めた紀州藩兵、幕府歩兵――彼らは洋式に編制されていた――以外は完敗した。征討軍は長州軍に対して、士気の面でも、装備の面でも、そして統制の面でもはるかに劣っていたからである。

征討軍の持っていた火力はほとんどが旧式の火縄銃のみであったのに対して、長州は農民兵に至るまでゲベール銃や最新式のミニエー銃を装備していたので最初から勝ち目がなかったのである。

握り飯二つで戦場に駆け付けた長州藩兵

そこで気になるのが、こうした洋式銃をなぜふんだんに長州藩は装備できたのかということだ。もうお分かりだろう。つまりは、カネである。

実は長州にはかねてから蓄えられていた非常用資金があった。その額は一〇〇万両とも一五〇万両とも言われるが、その原資となったのは一八三〇年代、藩士村田清風《むらたせいふう》が行なった財政改革にある。このときに長州藩では一般会計とは別に、不時の出費に備えて撫育局《ぶいくきょく》という部署を作った。

この撫育局の主力となったのは下関に置かれた越荷方《こしにかた》という部署である。これはいわば藩営の倉庫業であり、貸金業者であった。

下関は北は奥州や北陸、西は四国や九州から、商都・大坂に向かう貨物船団がかならず停泊する港である。船主にとっては積み荷の相場が下がっているときに大坂に到着しては大損だから、この下関で様子をうかがう。だが、待っている間にも利息は付くし、また停泊料も掛かる。そこで、この越荷方がその間の資金を融通したり、場合によっては積み荷を丸ごと買い上げてやる。これで長州藩はコツコツとカネを稼いで、撫育局に積み立ててきた。それが長州征討のときに役に立ったというわけだ。

「この戦さで敗ければ、藩主は死罪、お家はお取り潰し」と、もはや後には退《ひ》けない戦いである以上、後先《あとさき》のことなど考えてはいられない。この撫育局の非常用資金をすべて使って、イギリス商人から最新鋭の武器を買いそろえたのだった。

だが、すべての軍資金を武器調達に充てたために、いよいよ征討軍が長州をぐるりと囲んだときには食糧の備蓄などなく、兵たちはみな「その日、カツカツ生命を続きさえすればよい」（坂田・前掲書）と、握り飯を二つだけ持って現場に駆け付けるというありさまで、そうした状況は明治維新になるまで続いたという。

しかし、これでもまだ長州はいいほうで、他の藩はどこも財政難に苦しんでいる状況だから新式武器など調達できない。それは幕府も同じであった。

なぜ幕府の御金蔵は空だったのか

後年、徳川慶喜が松平春嶽《まつだいらしゅんがく》（慶永、福井藩藩主）に打ち明けたところによれば、

第二次長州征討のため、将軍・家茂が慶応二年（一八六六）閏《うるう》五月、江戸を進発することになったが、そもそも軍用金がない。将軍の動座ともなればさしあたり一三〇万両が必要だと見込まれたが、城内諸部署の現金をかき集めても二万両しかなかった。

その後、大坂の商人から三〇〇万両を御用金として取り立てることになったのだが、しかし、これも容易に整わない。そこで横浜の外国商人から借りることになったのだが、これでもまだ集まるか分からない状況だった（坂田・前掲書、現代語訳は筆者）。

という。

江戸城中を探しても現金が二万両しかなかったというのだから、それだけでも驚くべき話だが、大坂商人に掛け合っても足元を見られたのか、三〇〇万両の調達もできなかったというのだから、すでにそのころの幕府の信用度はかなり低下していたということに他ならない。慶喜は続けて「外国人から借りたというのが世間に知られては外聞が悪いので、いったん日本の商人が外国人か

らカネを借り、そのカネを御用金として取り立てるという体裁に整えた」（同）とも言っている。

この時点で、もはや幕府には「戦争の筋肉」がなかったのである。

なぜこれほどまでに幕府にカネがなかったかは、ひとえにコメという作物が「税」であったからである。

これは諸藩も同じことだが、江戸時代の徴税はコメで納めることが基本になっていた。それぞれの領地で収穫されるコメのうちの何割かを税として徴収し、それをそのまま幕臣である旗本に給与（禄《ろく》）として支払う。旗本はこれを札差《ふださし》と呼ばれる業者に引き取ってもらい、現金を得るという仕組みになっていた。

毎年、土地から産み出される農作物だけが、その社会の「富」であったならば、この物納方式で幕府経営は安定するが、しかし、経済が発展し、農業とは関係のないところで富が産み出されるようになると話が違ってくる。

たとえば、農家が作り出す絹が染められ、美しく織られ、そしてそうやって出来た着物に流行《はや》り廃《すた》りがあり、同じ織物でも流行のものが高くなるという現象が起きるようになる。そうなると、その過程で織物は、素材である絹、そしてそれに関わる人件費の合計よりもずっと高くなる。経済が発展すると社会全体の富はどんどん増えていくわけだから、相対的に幕府や藩の収入が目減りしていくことになる。つまり、武士の家計はどんどん苦しくなっていくわけだ。

この収入減を避けるためには自らもそうした経済のメカニズムの中に入って、富の拡大に一役買い、そこから割り前を取るのが一番だが、それは商売《あきない》という「賤業」であって武士はそのようなことに手を出さない——というのが、江戸時代の武士社会におけるモラルであった。

しかし、あいにくと江戸時代の日本は平和であり、江戸や大坂といった都市はどんどん発展していき、経済もまた拡大していく。そうなれば、単にコメを徴収することでしか収入を得られない武士はさらに貧しくなっていき、幕府や藩の金庫からはカネが消えていく。

なぜ幕府は債務超過でも潰れなかったのか

そこで江戸幕府はそうした経済の流れに逆行するかのような、「改革」という名の財政政策、経済政策を行なった。

後で詳しく述べるつもりだが、幕府は下落するコメ価格を維持するためにマーケットに介入したり、商業活動を統制するために、各種のビジネスへの新規参入を制限したり、また消費活動そのものを抑制するために贅沢禁止令を発布したりもしている。これらはすべて経済の健全な発展を妨げるものであったから、当然、景気の後退をもたらした。

と同時に、減るばかりの収入を名目だけでも増やすべく、改鋳、すなわち貨幣の造り直しを行なった。これはたとえば、一〇〇万枚の小判を融《と》かして、そこに混ぜ物をして二〇〇万枚の小判に作り替えることによって、あたかも手持ちの資産が倍になったように見せるというテクニックである。

もちろん、このような小細工はすぐにバレて、通貨の信用度は下落するのだから、しょせんは小手先《こてさき》の弥縫策《びほうさく》にすぎなかった。

これに対して、むしろ幕府が積極的に市場経済にコミットしていくことで財政の建て直しをするという「前向きの改革」も行なわれた。

その代表が十八世紀後半に登場した田沼意次《たぬまおきつぐ》で、彼は従来の改革とは逆に、商人の新規参入を促したり、あるいは海外貿易を促したりすることによって、経済全体を活性化し、それと同時に新田開発などを積極的に行なって、幕府財政の健全化を図ろうとしたのだが、そうした姿勢は田沼が一部の商人と結託しているという噂を招くことになり、結局、この改革は成功を収める前に潰されていった。

それでも幕府は自らの権威を笠に着て、大坂などの商人から多額の借金をすることによって、なんとか体面を保ってきたわけだが、実際のところ、手持ちの現金は減る一方で、幕末期ともなると、先ほど述べたように江戸城中を探しても、せいぜい数万両しかないという体《てい》たらくになった。

こんな状況でも幕藩体制が崩壊しなかったのは、諸藩も同じように財政危機に陥っていて、倒幕を行なうための資金がなかったからに他ならない。幕府がペリー来航を契機に、国禁を破って開国へと舵《かじ》を切ろうとしたのも、一つには外国勢力と結ぶことで、この財政難を打破しようという意図もあったのである。そうでもしないかぎり、幕府はいずれ財政破綻によって自ら倒れていたかもしれない（だが、それを進めていれば、結局はフランスなどの外国から借金することになり、日本も他のアジアの国々と同様に、植民地となっていただろう）。

だが、こうした中において、唯一、金回りがよかった藩があった。

それが本書の主役である薩摩藩である――というのが、坂田吉雄『明治維新史』の中で、私が最も驚いたところである。

というのも、その薩摩藩の金回りの良さの源泉は、実は「贋金」作りであったというのだ。

当事者の証言が残っていた

幕末において薩摩藩が積極的に洋式の兵器や船舶を買い込んでいたのは有名な話だ。

たとえば船舶ひとつを取っても薩摩がイギリスやアメリカから調達した蒸気船は一五隻にも及ぶ。これは幕府の保有蒸気船二〇隻には及ばないものの、他藩を圧倒的に凌《しの》ぐ数（たとえば長州は七隻）であり、いかに薩摩藩の軍事予算が大きかったかを示すものだろう。

また兵器においても、薩摩は一八五三年にイギリスで制式採用された最新のエンフィールド銃を四三〇〇挺、一括購入している。エンフィールド銃は従来の小銃に比べて射程が圧倒的に長く、また命中率も高かった。エンフィールド銃兵が二五人いれば、旧式のマスケット銃兵一〇〇〇人を全滅させることができるとも言われているほどで、当時、世界中で最も需要の多い、つまりは高価な武器であった。

こうした薩摩藩の軍備調達の源泉について、さまざまな説が語られてきたのは読者もご承知だろう。

たとえば、当時、薩摩が支配していた琉球を介しての中国との密貿易による収入、あるいは奄美諸島などで行なわれていたサトウキビの専売制度による収入、あるいは天保年間に行なわれた調所広郷《ずしょひろさと》による財政改革による「隠し金」……どれももっともらしく聞こえるが、『明治維新史』の坂田吉雄は薩摩の「筋肉」をこのように解き明かす。

……天保の財政改革で薩摩藩の財政は立直っていた。その上に藩政府は天保銭を密造して巨額の利益をおさめていたのである。（中略）百文の天保通宝の原価は三十七文余であった。当時天保通宝密造を担当していた市来四郎《いちきしろう》は後になって次のように語っている。

と坂田は記し、そのあとに密造担当者の市来四郎の「証言」を引用している（以下は筆者が現代風に直訳した）。引用文にも出てくるが、時代はちょうど第一次長州征討のころ、薩摩が生麦事件を起こして英国人を斬ってしまい、その報復に英国艦隊が薩摩に来るというあたりの話である。

初め琉球通宝およそ十万両足らず造りました。その後は天保銭のみを数十万両だけを造りました。どこでも通用するようになりました。そこで御宝蔵の貯蓄が動かないようになったでございます。その時はもうじき英国船が侵入という場合でしたので、昼夜、警備の準備に余念なく、したがってそれにかかる費用もおびただしい時でありましたので、私は昼夜、密造に専念いたしました。職工はかれこれ日に四千人ほども使いましたでしょうか。鹿児島では未曾有《みぞう》の大仕事で、たちまち四、五十万両ほど造りました。贋金に用いた材料は他国から買い上げたり、あるいは古い大砲、殿様お手元の燭台や銅器などを供出していただき、それを鋳つぶして地金に使ったのでございます。このように殿様がお持ちの美麗な道具をお出しになったと聞いて、鍋や釜などを進上する者も現われました。そのほか、先代の斉彬《なりあきら》公がご逝去前に集められた寺院の梵鐘《ぼんしょう》も、またこのときに材料にいたしました。そうすると、今度は鹿児島の上下町の商人どもが競って鍋釜の類、燭台なども献上するようになりました。これらでたくさんの銭が出来ました（史談会速記、第二〇輯）。

この市来四郎というのは幕末の薩摩藩で、さまざまな仕事に関わった能吏であり、明治維新後にこのような証言を遺しているのである。彼自身、この密造を手がけたと告白しているのだから、その信用度は相当高い。

薩摩藩のマネーロンダリング

しかし、そうやって作った贋金は本当に使えたのであろうか。使えたのである。坂田は続けてこのように書いている。

（薩摩）藩政府はこの天保通宝で畿内・山陽地方の物資を買集め、長崎に送ってイギリスの武器と交換したのである。

この話も実に面白い。薩摩藩は現代で言う「マネーロンダリング」をしていたと坂田は書いているのだ。

すなわち、このようにして作り上げた何十万両もの贋金を一度に持ち込めば、いかに強欲で、したたかなイギリス商人といえども、いや、したたかであればこそ、その出所を怪しんで、代金を受け取るのを拒むであろう。そもそも薩摩がそれだけの現金を持っているはずがないことを彼らは知っている。

そこで薩摩藩は支払いを贋金ではなく、物品で支払うことにした。おそらくその多くは需要の大きかった生糸や綿、日本茶などであろう。これらの物資を贋金で買い、その物資と引き換えに、薩摩は大量の武器を仕入れたものと見える。物々交換ならば、英国人も安心する、というわけだ。

ここで坂田は、なんとあの西郷隆盛もこのマネーロンダリングの片棒を担いだのではないかという推理をしている。

西郷が書いた元治元年九月十六日付けの、大久保一蔵、つまり後の大久保利通宛の書状を坂田は紹介している。この当時の西郷は沖永良部島《おきのえらぶじま》での謹慎を解かれて、長州征討に向けて緊張する京都で軍司令官に任命されている。

薩摩に戻ってきたときには足腰も立たないほどであったという西郷が沖永良部に流されたのは、国父であった島津久光の勘気を得たせいであった。元々、先君である島津斉彬を神格化といっていいほど尊崇していた西郷は、地元の薩摩から出たことがない久光を軽侮していた。

兄である斉彬がやろうとしていた公武合体を自分の手で実現する。そのためには京都に行って、朝廷と幕府の間の仲介役になると決意していた久光に対して、「御前様《ごぜん》には恐れながら田舎者（ジゴロ）」であるから、京都で活躍などできるはずもないと直接言ったこともあったし、また実際に久光に同行して京都に上ってからも西郷は独断専行が多く、それを知った久光は激怒して、ただちに薩摩に彼を送還したのみならず、沖永良部島《おきのえらぶ》で蟄居《ちっきょ》させることとした。

だが、西郷が不在の間の京都では、急速に長州の過激派が朝廷で力を持つようになり、久光の考えていた公武合体などとうてい実現の目処《めど》が立たなかった。それどころか長州は武力に訴えてでも、天皇に攘夷の勅令を出させるという、一種のクーデターを起こすことになる（前出、禁門の変）。

このような状況において、久光が真に頼れる部下は悔しいかな、西郷しかいなかった。西郷は公家連中はもちろん、在京各藩の主要な人物とも懇意にしており、そのインテリジェンス能力は他を圧していたからである。

こうして京都に再び呼び寄せられた西郷であったわけだが、実はその一方でどうやら藩の「利殖」にも関わっていたらしい。それを示すのがこの大久保への手紙である（以下、現代語訳）。

資金繰りの件、ひじょうに難儀をなさっていると聞きます。京都での駐留は莫大な費用がかかります。南部（八戸《はちのへ》藩のことか。当時の藩主・南部信順《なんぶのぶゆき》は薩摩藩主・島津重豪《しげひで》の子であった）に相談をされているようですが、それよりも今、藩の蒸気船を使って、砂糖や中国の薬種《やくしゅ》、タバコ、鰹節など売れるものは何でも大坂に持ち込んで、初回はそんなに利を望まず売り払い、そのカネで銅や糸などを買ってはいかがでありましょう。幸い、今月・来月は生糸の売り出し時期なので、糸の値段もよほど下がるはずです。（中略）もう今や幕府から嫌疑を受けることなど気にせず、思い切ってたくさん買い占めたいものです。幸い、御用金として二万両ばかり私の手元にありますからそれだけでも買いつけてみたいところです。できれば十万両分ばかり買い占めたいと考えておりますが、（何せ今は軍司令のお役目を言いつかっているのでむずかしいですが）手が空けば、私自らが相場をやりたいくらいです。

ここには贋金の話は出てこないが、あの大西郷でさえ、商品相場に対しては一家言《いっかげん》を持っていたことがよく分かるし、とにかく今は現金を調達して、軍備を整えるのが先決であると考えていたと想像できる手紙である。

政商・三井家のルーツはここにあった

また、これは維新近くのことになるが、薩摩はこの大量の贋金を処理するために、どうやら三井家と手を組んでいたようである。天保通宝は当時、公式には一〇〇文の価値があるとされていた。ちなみに当時の交換レートでは一両＝一万文とされていた。つまり、天保通宝一〇〇枚で一両であるから、一万両ともなれば天保通宝が一〇〇万枚という分量になる。とてもこれでは気安く運べるものではない。また天保通宝は言うなれば小額貨幣であるから、大きな取引に用いるのにはあまりにも不便である。

そこで薩摩はこれを両替商でもあった三井家に全部運び入れて、それに見合う手形を発行してもらっていた（安藤論文）。今で言う小切手である。これならば持ち運びも楽であるし、しかも三井という信用もあるので英国商人も安心して受け取れる。薩摩にとっては願ったり叶ったりである。

もちろん、三井の側も薩摩がこんなに大量の天保銭を持ち込んでくる事情は百も承知であったろう。だから、きっと正規の交換レートよりもずっと買い叩いたに相違ないが、そこは薩摩も文句は言えない。だから黙って小切手を受け取る。三井はその銭を、幕府が気がつかないように上手に使って、市中にばらまいた……と、まあそういう仕掛けであったろうと筆者は想像している。

ちなみに三井家は維新の動乱が起きる少し前から、小栗上野介忠順《おぐりこうずけのすけただまさ》を通じて幕府との強いコネクションを築いていた。薩摩藩が天保銭のマネーロンダリングを依頼してきたときにも、幕府からの信頼は厚かったはずだから、やはり天下の三井家と言われるだけのしたたかさを持っていたということだろう。

ここでは深く述べないが、三井は戊辰戦争が始まっても幕府側に肩入れしていたのだが、徹底抗戦を主張した小栗忠順が失脚したのを見て、幕府の命運はもはや尽きたと考え、官軍側に乗り換えたという逸話もある。

おそらく、このとき三井家はかってマネーロンダリングを手伝っていたという縁をたどって、薩摩藩にわたりをつけたものであろう。明治維新後、三井家は新政府と結びついて発展していき、三井財閥を成していくわけだが、その原点はこのときの取引にあったと見て、ほぼ間違いないと私は思っている。

大久保利通が出した「ある手紙」

ところで、いったい最終的に薩摩藩はどれだけの贋金を作ったのだろうか。それについては、もちろんどこにも記録が残っていないので闇の中である。

だが、それを推定する材料がないわけではない。

一八七一年（明治四）、新政府は新貨条例《しんかじょうれい》を制定して、金本位制に基づく、新しい通貨を発行することになった。それが今日まで続く「円」である。当時の一円は純金一五〇〇ミリグラムに相当し、これは当時の一アメリカドルとほぼ等しいものであった。

このとき、明治政府は江戸時代の通貨をすべて市場から回収することになったわけだが、そのとき、集まった天保通宝の数は約五億八七〇〇万枚。しかし、幕府が正式に発行した天保通宝の数は約四億八五〇〇万枚しかないので、この差の一億枚あまりはすべて贋金だという計算になる。つまり、六枚に一枚は贋金であった（回収漏れも含めると二億枚は贋金があったとする説もあるが、ここでは確実な数字を採用する）。

ちなみに幕末期の相場では一両は六〇〇〇文から七〇〇〇文、それが第二次長州征討のあたりから天保通宝の価値が急落して一両が一万文以上になったという。おそらくこれは贋金の大量製造に加えて、幕府側も軍資金のために大量発行したためであろうが、この一両一万文というレートで計算すると、天保通宝は一枚で一〇〇文の価値があることになっていたので、一〇〇枚の天保通宝で一両という換算になる。したがって、一億枚の天保通宝となるとおよそ一〇〇万両の価値があることになる。現在の金価格(一グラム六五〇〇円)で換算すると、一両は約三七・五グラム、つまり二四万三七五〇円、一〇〇万両では二四三七億円だ。

だが、このすべてを薩摩が作ったというわけではない。

ここから先は推測になるのだが、薩摩藩が急に金回りがよくなったのは同時代の他の藩もおそらくすぐに気がつき、そこから「どうやら贋金を作っているのではないか」という話が広がったのではあるまいか。

薩摩藩がせっせと贋金を作っていたのは第二次長州征討に幕府が失敗し、その権威が急激に低落していた時期のことである。「平時ならばすぐにバレるが、この動乱の中ならば分かるまい。ましてや、あの薩摩が作っているのだから、少々、我が藩が作ったところで、すべて薩摩のせいにすればよい」と思ったかどうかは分からないが、ある研究によれば幕末に出回った天保通宝の数は三五種類もあるらしい。

中には陶器のかけらも混入したような、叩くとすぐに割れてしまうような偽天保銭もあったという(篠田鉱造『増補　幕末百話』岩波文庫)。もちろんそんな粗悪な通貨が本物であるとは誰も思っていないわけだから、幕末になると先ほども言ったように天保通宝の実質価値は半分近くまで下落し、維新後にはさらに、下落した。迷惑を蒙《こうむ》ったのは無論、庶民である。

薩摩藩の贋金作りについては分からないことのほうが多いわけだが、しかし、幕府が倒れた後もそれを続けていたのは間違いない。

明治二年（一八六九）、新政府の首脳になった大久保利通が発布したのは、他でもない贋金の製造禁止令であった（同年五月二十八日）。新政府に対する諸外国の信用を得るためには何といっても貨幣に対する信用を確立しなくてはならないわけで、贋金の追放は急務であった。

その際、大久保が国元に送った手紙には次のようなことが書かれていた。

近来、大坂や京都地域には贋金があふれかえり、一〇枚のうち七、八枚は贋金というありさまです……その中でもお国（薩摩）の贋金が多数、蔓延《まんえん》しており、贋金の張本人はお国にあると言ってもいいほどであります（徳永和喜『偽金づくりと明治維新』新人物往来社）。

明確には書いていないのだが、文脈からすると彼はやんわりと贋金作りを止めてもらうよう、この手紙を書いたらしい。

元々は自分たちが始めた贋金作りだけに、大久保も遠回しに諫《いさ》めることしかできなかったということなのだろう。あの頭脳明晰で、即断即決で知られた大久保もこの問題については、快刀乱麻を断つというわけにはいかなかった。だが、かえってこれは大久保の人間らしさを感じさせる話で、私はけっこう好きなのである。

第3章 斉彬が考え、久光が実行した贋金作り

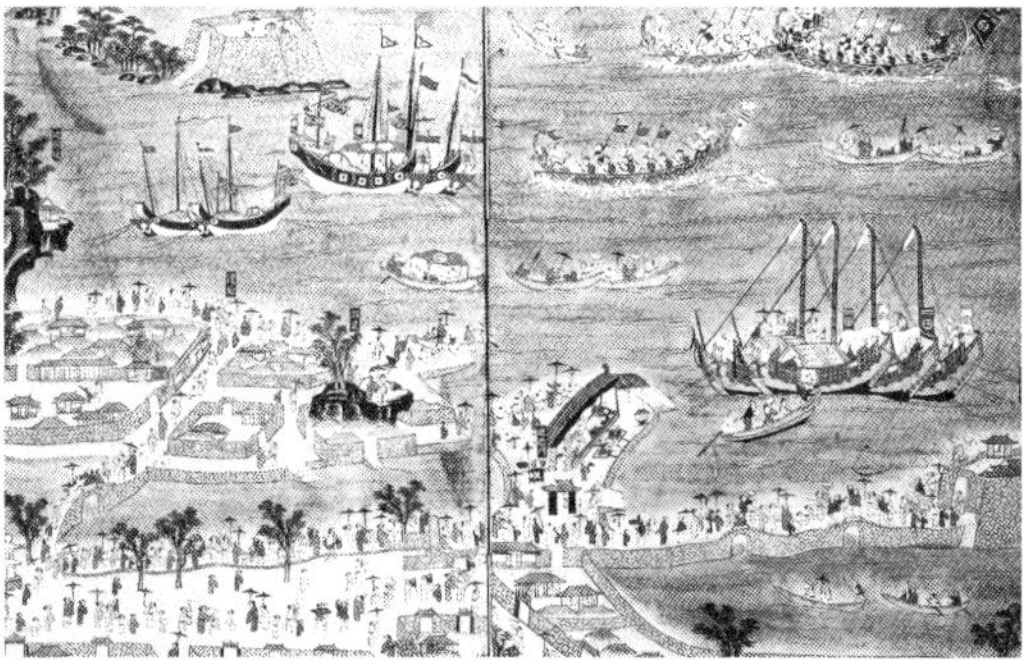

「琉球貿易図」

高崎崩れ

さて、前章では薩摩藩がどのようにして贋金作りをやってきたかを述べてきたわけだが、この計画はもちろん、一部の個人だけでやれるわけではない。何せ上は殿様から下は庶民に至るまで、贋金の材料となる金属類を供出してやっていたのだ。まさに藩ぐるみの犯罪だ。

では、いったい、この計画はいつごろから誰によって準備されていたのだろうか。

このことについて、坂田吉雄は次のように簡単に記している。

文久二年（筆者注・一八六二）に薩摩藩は幕府から琉球通宝鋳造の許可を得て江戸銭座《ぜにざ》の職人を連れて下った。幕府はそれらの職人を密偵に使うつもりであったが、薩摩藩では彼等を軟禁し、かねてひそかに天保通宝鋳造法を修得させていた自藩の職人を使って天保通宝を密造した（前掲書）。

文久二年の薩摩藩というと、国父・島津久光が幕政改革を迫るために薩摩兵一〇〇〇名を率いて、江戸に入った年である。

ちなみに前章から「国父・島津久光」と記しているが、久光は藩主になったことは一度もない。

父である斉興《なりおき》の後継者を誰にするかで藩論が二つに分かれ、兄の斉彬を担ぐ一派と弟の久光を担ぐ一派が対立して、御家《おいえ》騒動が起きた。この御家騒動を薩摩ではお由羅《ゆら》騒動とも言う。由羅とは久光の母で、父・斉興の側室の名前である。由羅は元々、江戸の町人の娘で、その美貌に惚れた斉興が側室として鹿児島に連れてきた。どこの藩も閉鎖的な社会であるから、江戸の町娘が殿様の側室になったと聞くと、最初から疑ってかかる。

薩摩藩もまた同じで、「お由羅様は兄上の斉彬を差し置いて、実子の久光を後継者にしようと暗躍している」という噂がすぐに立った。しまいには由羅が斉彬の子弟を呪詛《じゅそ》して殺したという噂まで流れる始末であった。こうした噂を真に受けた斉彬支持派が久光やお由羅、さらにその取り巻きの重臣たちまでも殺害しようとしたとして捕縛され、切腹を言い渡されるに至って、本格的な御家騒動に発展する。

斉彬支持派は根こそぎ処分され、その中には大久保利通の父親もいて遠島となり、利通本人も謹慎処分となっている。この一連の騒動を鹿児島では「高崎崩れ」などとも呼んでいる。「崩れ」というのは、藩内での粛清騒ぎのことを指す、鹿児島独特の呼び名である。

もちろん、こうした騒動は幕府の知るところとなったわけだが、幕府の調停では長子の斉彬を襲封させるべしという判断が下り、父親である斉興には将軍から茶器が下された。すなわち、これは「隠居して、あとは茶でも喫《の》んで暮らせ」というメッセージであり、斉興はただちに隠居し、斉彬が藩主の座を継ぐことになった。

こうした大騒動はあったものの、斉彬と久光の関係はけっして悪くなく、むしろ久光は斉彬を兄として以上に尊崇していたから、斉彬が享年五十で急逝し、久光が国父（新藩主となったのは久光の長子である忠義）となってからは、久光は斉彬の遺志を継ぎ、彼の念願であった公武合体を何としても実現したいと考えるようになった。そこで、先ほど紹介した、兵一〇〇〇名を率いての上京という話になる。斉彬自身、生前五〇〇〇名の兵を率いて、上洛したいという望みがあったので、それを久光はそのまま実行したのである。

上京した久光は公武合体の前段階として、将軍・家茂の上洛、外国船を打ち払うために沿海五大藩（薩摩・長州・土佐・仙台・加賀藩）の藩主で構成される五大老の設置、一橋慶喜の将軍後見職、前福井藩主の松平春嶽の大老就任という要求を突きつけ、最後の二つ、つまり慶喜の将軍後見職、松平春嶽の政事総裁職の就任を実現させる。

外様である薩摩藩が、しかも藩主でない、藩主の父親が幕政に介入しようとするだけでも空前の話なのに、それを実現させたのであるから、これは画期的なことであり、世には「文久の改革」と呼ばれた。もちろん、こうした「暴挙」が実現したのは、久光を朝廷が後押ししたからで（事実、久光の江戸入城は、勅使・大原重徳《おおはらしげとみ》の警護という名目であった)、彼一人の実力によるものではない。だが、根は単純で、熱血漢であった久光としては、尊敬する兄の果たしえなかった「夢」を実現させたと意気軒昂《いきけんこう》であった。

斉彬の密談

で、話は戻るが、いわば久光の生涯の絶頂期であったこの文久二年という年に、はたして贋金を作るだろうかという疑問が湧いてくる。

久光の性格は猪突猛進で、政治的駆け引きなどおよそ得意な人間とは言えない。何しろ、倒幕の暁には自分が新政府の重鎮になるに違いないと単純に思い込んでいたくらいで、案に相違して家臣であるはずの西郷や大久保がいつまで経っても、自分を新政府に呼ばないばかりか、まるで抜き打ちのように廃藩置県を行なったときには怒りのあまり、ありったけの花火を自邸の庭から打ち上げたという御仁である。まあ、分かりやすいと言えば分かりやすいが、しかし、こんな調子ではとても贋金作りの謀議などできそうにない。

では、いったい誰が贋金作りのプランを考えたのか――。

実はその張本人とは、久光が誰よりも尊敬していた亡兄・斉彬であった。

このことは何も薩摩藩の秘事でも何でもなく、明治になって刊行された『島津斉彬言行録』（序文・牧野伸顕《まきののぶあき》、岩波文庫）の中にもはっきりと書いてある。ただ、それを多くの日本人が知らないのは、これが広まると賢侯・斉彬のイメージを損なうと考えたからではないかと筆者は憶測する次第である。

それはさておき、この『言行録』をまとめたのは、前章でも登場した市来四郎という男で、この本は斉彬の言行録というよりも、市来の回想録といったほうが本当は正しい。

その『言行録』によれば、安政四年（一八五七）の六月中旬のころ、斉彬は市来を含む側近三人を特に呼んで、「このたび、我が藩では貨幣鋳造を学ぶ機会を得られる見込みとなった。来年の出府の折には、その願いが認められる見込みがある。よって、せいぜいそれを修練するがよい。ただし、このことは願いが受理されるまでは他聞に及ばぬよう注意せよ」と言い渡されたとある。

「貨幣鋳造を学ぶ」とは他の資料などからすると、琉球通宝、つまり薩摩が支配している琉球（沖縄）および薩摩領内でのみ通用する、地域通貨の鋳造を幕府に願い出て、その了解を得たということであったようだ。

当時の琉球王朝は島津と中国の両方の支配を受けていて、中国には定期的に朝貢船を出していた。いわゆる朝貢貿易というやつで、こちらから特産品を持っていくと中国の皇帝はその志をよしとして、それに見合う物品を下げ渡すのだが、薩摩はこれを買いたたく。つまり、実質的には琉球を通じて、薩摩が中国と交易をしているようなものである。

さて、その中国から来た物品などを買い取る際に支払う通貨が必要なのだが、それまでは中国の銅銭が用いられていた。これは琉球に限ったことではなく、東アジア全体に共通していたことであり、中国の銅銭はいわば国際通貨であったのだ。ところがアヘン戦争などで当時の清国の勢威が衰えたためであろう、琉球から中国の銅銭が消えてしまった。要するに、中国の銭の「国際性」が失われたための現象と思われる。

そこで困ったのが琉球の人々であり、薩摩藩であった。琉球が「無通貨地域」になってしまえば、さまざまな取引に支障を来たす。かといって琉球王朝は貨幣を発行できるほどの力（信用）がないし、天保通宝を用いて取引をするとなると薩摩藩領での通貨流通量が減って、これまたよろしくない。

「そこで特別に天保通宝に似せた琉球通宝を発行させていただきたい」

というのが斉彬が幕府に提出した申請であった。

もちろん、幕府としてはそんなことは過去に例がない（わけではなくて、実は仙台藩が過去に地域通貨を出したらしい）と言って拒否をする。通貨が足りなければ、補助紙幣として藩札を出せばいいだけのことであり、しかも天保銭に似せて通貨を造りたいというのは、いかにも怪しい話である。幕府の立場を考えれば、とても許可できる案件ではない。

だが、どのように手を回したのか、斉彬はその許可を得たというのである。この殿様は言ってみれば都会のインテリ風な人物なのに、どうもいろんな悪事を企む才能にも恵まれていたようだ。

さて、その話を斉彬から聞いて、側近たちは「実にけっこうなことでございます」とでも言ったのだろうが、そのあとに斉彬が言った言葉に驚いた。

「その技術を習得し、薩摩藩が自力で貨幣を造れるようになれば、もはや軍備のことも、練兵のことも後顧の憂いなく行なえるようになる。無尽蔵のカネが手に入るのだ」

驚くべき計画

このところは重要だから、その部分をできるだけ正確に現代語訳にしてみよう。

そこで御花園《おはなぞの》精錬所において金銀分析と鋳銭試験を始めたところ、折々に斉彬様はそれを見学なさっては、『鋳銭の許可が下りたあかつきには、軍備の用途は心配するには及ばない。集成館建設の費用などはわずかの間にまかなえるであろう。また、これからの時代は兵隊を訓練する必要もあるが、それには兵士の生活が豊かでなくてはならない。その費用も莫大になるだろう。しかし、鋳銭ができればその費用もまかなえるはずである』とのお沙汰があったので、一同、斉彬様の深遠なご計画に感嘆した。

御花園精錬所というのは鹿児島の鶴丸城内に作られた、今で言う総合研究施設で、ここで斉彬は蘭学者たちにさまざまな研究を行なわせていた。その中には反射炉の研究などがあった。また集成館とは現在の鹿児島市磯地区に作られた近代洋式工場群のことである。ここでは大砲や洋式帆船の建造、武器弾薬の製造なども行なっていた。

実は今では賢侯という名の高い斉彬だが、当時の薩摩藩重臣たちは「洋学かぶれの困った殿様」と苦々しく思っていた。

例の「高崎崩れ」の御家騒動にしても、これは単にお由羅だけが問題であったのではない。久光を担ぎ出そうとした人たちは「もし、斉彬が殿様になったら、ようやく建て直した財政が濫費《らんぴ》のためにあっという間に空っぽになる」という心配を抱いていたからである。

若い頃から斉彬は蘭学、つまりは西洋科学に関心を持つと同時に、最新西洋事情を学んで「これからは外国船がどんどん日本近海に現われる時代になる。そのとき、外国船を打ち払うための軍備を整えなくてはならない」という主張を持っていた。

たしかに斉彬には先見の明があり、事実、彼が藩主に就任した二年後の一八五三年（嘉永六）には浦賀沖にペリーの黒船がやってきて、日本に開港を迫ることになった。だから、ますます世間では「賢侯」との誉れが高くなったわけであるが、しかし、肝心の会計を預かる藩の重臣からすると、斉彬が外国に対抗するために次々と新造船をしたり、先ほどの御花園精錬所、集成館などを作って、西洋の最新科学技術の研究を始めたりするなど、とても貧乏な薩摩藩がやるべきことではない、そんなことは幕府に任せておけばいいという話なのだが、西洋かぶれで、愛国心に満ちた殿様は言うことをきかない。

斉彬は公武合体論者、つまり最近、権威が落ちている幕府を助け、日本を強くするために、ここは朝廷の力を借りなくてはならないという考えの持ち主であり（久光が後年、江戸に出府したのもその構想を実現するためだった）、西洋流の船を造ったり、大砲を作ったりするのも、日本国のためであるという大義名分がある。

贋金作り宣言

というわけで、あのお由羅騒動のときの危惧は本当のことになってしまった。新藩主の斉彬は薩摩藩の内情がどれだけ苦しいのか分かっていたのだろうか、と第三者の私でさえ思うほどの濫費である。

ところが、今回の貨幣鋳造でその大赤字を埋め、さらに軍備を充実させることができると斉彬は言う。これはいかにも妙な話である。

なぜならば幕府から許可を得ているのは琉球通宝を鋳造する件である。琉球および薩摩領内でしか通用しないカネでどうやって赤字を埋めることができようか。できるはずがない。

というのも、琉球通宝はたしかに通貨であるが、これは補助貨幣である。金貨や銀貨のように、それ自体に価値があるというものではない。言ってみれば、琉球通宝はただの銅の塊にすぎない。それが貨幣として信用されるためには、これを金貨や銀貨に交換できるという保証がないといけない。

しかし、この琉球通宝を発行している薩摩藩の御金蔵は空っぽであるのは公然の事実であるわけだから、「恐れながら」と金貨、銀貨への交換を申し出ても、そんなことが叶うわけはない。薩摩藩の領内ならば、無理矢理、領民への支払いを琉球通宝で行なうことができたとしても、薩摩の領土を一歩出れば、それこそ銅の塊でしかない。

だとすれば、斉彬が「これで財政問題は一気に解決。しかも軍拡も可能になる」と言う話は一体、何を意味するのか――言うまでもない、彼は琉球通宝鋳造にかこつけて、天保通宝の贋金を作るつもりでいるのである。

だからこそ、斉彬は「天保通宝と同じ大きさ、形で琉球通宝を造る」という計画を立てた。琉球通宝はいわば口実で、本当は天保通宝の鋳造こそが本当の目的であると――市来の回想録はそこまではっきりと記していないが――斉彬は宣言しているようなものだ。

西郷隆盛が、自分を見出し、しかも教育してくれた斉彬のことを終生、尊敬しつづけ、藩主が代わろうとも「自分にとっての主君は斉彬様だけだ」と思っていたことはあまりにも有名だし、また、斉彬が集成館事業などで積極的に西洋の科学技術を採り入れていたこともよく知られていて、賢侯というイメージは強い。しかも彼は志半《こころざしなか》ばで急逝しているので（その理由はおそらく病死だが、今でも久光派による毒殺説を信じている人も多い）、なおさら評価は高い。

だが、筆者からすれば、この殿様は金遣いが荒いばかりか、非合法な手段で金儲けをしようと考えた、とんでもない人物である。贋金作りが幕府に知られれば、即刻、お取り潰しになっても不思議はない。そのような危ない橋を渡ろうと、平然と家臣に言うのであるから、よほど豪胆なのか、それとも、向こう見ずなだけなのか。

改革好きの曾祖父

すでに少し触れたが、斉彬が藩主に就任する前の薩摩藩は五〇〇万両に及ぶ借金を抱えて、財政破綻寸前の状況にあった。いや、その利息だけで毎年八〇万両を超えるものであったのだから、せいぜい十数万両しか歳入がない薩摩藩はすでに破綻していたとも言える。

この大借金を作った張本人は、斉彬や久光の曾祖父に当たる第八代藩主の重豪《しげひで》であった。藩主となった後、江戸から初めて薩摩入りした重豪は、薩摩の武士たちが裾をからげた格好で、尻も丸出しで歩いている様子を見てショックを受け、この野蛮な土地柄を何としてでも文明化しないといけないという意欲に燃えて、矢継ぎ早に文化事業を始めた。元々、重豪は学問に造詣が深く、蘭学にも興味を持って、オランダ語も話せたほどのインテリであったから、そののめり込み方は並大抵ではなかった。

現在も鹿児島の繁華街に名前を残す「天文館」は、重豪が作った天文や暦の研究施設（明時館）の別名に由来するし、このほか、藩校の造士館（それまで薩摩には藩校がなかったのだ）や医学院をはじめとして、さまざまな学問所や武道場を作って、薩摩藩の「文明化」に尽力している。しかも藩士のみならず、一般庶民にも門戸を開いたというのだから、その志は立派なものだ。

だが、こうした新事業を始めるにあたって、まったく重豪はカネに糸目を付けなかった。しかも自分自身も江戸流の華美な生活を薩摩でも続けたものだから借財はあっという間に増え、ついに負債が五〇〇万両にまで膨れ上がってしまったというわけだ。

斉彬の、学問が好きで、しかも金遣いが荒いというところは曾祖父・重豪の血を受け継いでいると言えるだろう。

もちろん、この重豪の放漫経営を家臣たちは黙って見ていたわけではない。重豪が隠居をし、長男の斉宣《なりのぶ》が藩主の座に就《つ》くと、その下には心ある家臣たちが集まり、藩政改革、要するに財政再建を建議した。新藩主の斉宣もそれに同意して、改革を実行しようとしたところ、隠居である重豪がこれに介入して、御家騒動へと発展し、斉宣派の家臣七十余名が処分され、藩主の斉宣も強制的に隠居させられた。これを薩摩では「近思録《きんしろく》崩れ」と言う。『近思録』は朱子学の基本図書で、この本の読書会に集まった面々が中心メンバーになったことから、「近思録崩れ」という名前がついた。

二五〇年間無利子という「財政再建策」

重豪は斉宣を隠居させたのち、孫の斉興を藩主に据える(一八〇九年、文化六年)。これが斉彬や久光の父である。もちろん、成り行きが成り行きだから、藩の実権は重豪が握ったままで離さない。この重豪という人は頭も賢かったが、肉体も実に頑健であったようで、生涯で一四男一二女をなしていて、八十九歳まで生きたので（一八三三年没）、もちろん財政再建などできるはずもない（ちなみにこの子女たちの一人、茂姫は徳川家斉の正室になったし、他の子女たちも他藩の大名の養子や正室になった。これらの子どもたちの婚姻費用も借財が増えた原因であった）。

この時代、江戸詰の薩摩藩士などは一三ヵ月にもわたって給金が出なかったという話もある。そんなに長い時間、どのように食いつないでいったのか、想像もできない。薩摩藩の貧乏ぶりは江戸でも有名であったろうから、金貸しも相手にしなかったのではないか。

さて、その元気な父親がようやく死んで、四十歳を過ぎて独り立ちできた斉興は、さっそく財政改革を始めることになる。

そこで活躍したのが有名な調所広郷である。調所広郷は元々、重豪に見出され、抜擢された人物であったが、斉興の新体制下、家老として藩財政の建て直しに剛腕をふるった。中でも有名なのは、五〇〇万両におよぶ借財に関してその貸し手である商人たちを脅し上げて、なんと二五〇年間無利子での分割払いという、途方もない返済条件を呑ませたことだ。いちおう返済するということにはなっているが、これは踏み倒すも同然のことで、いったいどのような交渉をしたら、こんな無理が通るのだろうか。これは武士の交渉というよりは、もはやヤクザのそれに近いのではないか。

これでとりあえず返済は猶予されたものの、収入を増やさないかぎり、また借金が増えるのは目に見えている。といっても、商人が追い貸しをしてくれるとは到底思えないわけだが。

奄美大島への恐るべき収奪

そこで調所が目を付けたのは奄美大島や徳之島《とくのしま》のサトウキビ栽培を藩の専売制にすることだった。いや、専売制というのでは実態は正しく伝わらない。これはむしろ、奄美大島や徳之島をまるごと植民地化すると言ったほうがいいだろう。

つまり、これらの島でできる砂糖はほとんど全部、藩が公定価格（それはもちろん市場価格とは比べものにならないくらい低い）で買い上げて、私的な売買を行なった者は死罪に処すというもので、さらにこれに加えて、島内では現金の流通さえも禁止した。つまり、島の中で自作できないものを買う場合には、薩摩藩の役所（「三島方」と言った）で砂糖と交換して手に入れるしかないという仕組みにした。島内では稲作は禁止されていたので、コメを手に入れるのでも砂糖と交換である。つまり、ありとあらゆる手を使って、島民から砂糖を収奪する仕組みを作ったわけである。

後にも触れることになるが、この時代、どこの藩でも財政再建を行なうために専売制度を採用して、藩が直接、商品作物などを売りに出すという動きが起こっているのだが、ここまで徹底した収奪をやったのは薩摩だけであろう。もちろん、薩摩がこういうことができたのは、奄美の島民たちに対する差別意識があったからに他ならない。同じ人間であると思わないから、それこそサトウキビから汁を絞り取るように、島民から絞れるだけ絞り取るという政策が行なわれたわけである。

このほか、調所は新田開発や新たな商品作物の開発など、さまざまな手法で歳入を増やしていき、最終的には二〇〇万両を超えるとも言われる剰余金を作り出すことに成功した。わずか十数年で、これだけのカネを作り出したのだから、（そのやり方の正否はともかく）同時代の財政家の中では一、二を争う実力者であったのは間違いない。

だが、この調所広郷の貢献を台なしにしてしまいかねない「暗雲」が薩摩藩には漂っていた。

それが他ならぬ島津斉彬だった。

現藩主の長男である斉彬はあの浪費家・重豪に何から何までそっくりであった。頭はいい、洋学に興味はある、しかし、カネを惜しむということを知らない——この斉彬がもしも藩主の座に就いたら、ここまで苦心惨憺《さんたん》して蓄えてきた金はあっという間に雲散霧消してしまうのではないかと、心ある藩士たちが思ったのは無理もない。そしてそれは事実になった。

ちなみに、斉彬と久光のどちらを次期藩主にするかという御家騒動の中、調所広郷は一八四八年（嘉永元年）、謎の急死を遂げる。

その年の初め、調所が江戸に出てきた折に、老中・阿部正弘《あべまさひろ》から異例の呼び出しを受けていることと関係づけて、「調所は幕府が薩摩藩に密貿易の疑いの目を向けているのを知って、主君・斉興にまで累が及ぶのを防ぐために服毒自殺したのではないか」という噂が起きたが、その真実は今に至るまで分からない。

「斉興が失脚すれば、斉興の推す久光が後継者となる目はなくなるから、阿部正弘に密貿易のことを密告したのは斉彬ではないか」と見る人は、今も少なくないのだが、それも分からない。

ただ、久光の母であるお由羅が斉彬を呪い殺そうとしているという噂を真に受けて怖がっているという手紙は残っている。これなどは従来の、英明なる斉彬像を壊すものだ。だから、斉彬自身が密告したかどうかは別として、そのようなことがあったとしても私は驚かない。

はたして密貿易は儲かったのか？

ちなみに、今、私は「薩摩藩が密貿易の嫌疑を受けていた」ということを書いた。つまり、琉球を通じて、中国との交易を図り、そこから多額の儲けを得てきたという疑いである。

薩摩の密貿易については、かなり広く知られている事実であるので（といってもその実態はあくまでも秘密なので、誰も分からないわけだが）、ここで説明しておくのがいいだろう。

たしかに火山灰由来のシラス台地のため、コメさえろくに収穫できない薩摩藩にとって琉球は重要な「資金源」だった。

琉球は長崎、対馬と並ぶ、江戸時代の日本における、数少ない門戸であった。といっても、琉球は正確には日本の領土とは言えない。薩摩藩はたしかに一六〇九年（慶長十四）、琉球王国を侵略して、その王室（中山《ちゅうざん》王府）を屈服させた上で、「琉球は島津の付庸国《ふようこく》（保護国）である」と認めさせた。

なぜ琉球を島津が征服してしまわなかったかというと、琉球王国は中国（当時の清国）の冊封《さくほう》国《こく》、つまり中華帝国の周辺にあって、中国皇帝の臣下という立場にあったからである。もし、琉球を征服すれば、それは必然的に清国と敵対関係に入ることを意味する。そこで、薩摩藩は琉球王朝を事実上、征服し、その外交権を奪ってはいるものの、あくまでも対外的には中国の冊封国であると装えというわけである。

これは単に清国との緊張・対立関係を回避するだけでなく、もう一つの意図があった。すなわち、清国に対する琉球の朝貢貿易を継続したいという思惑である。

朝貢貿易では、定期的に冊封国が中国皇帝に貢ぎ物をささげ、それに対する返礼として皇帝からさまざまな宝物が下げ渡される。このとき、皇帝から下賜される宝物の価値は貢ぎ物の価値の数倍、場合によっては数十倍となるので、形は臣下から皇帝への朝貢であるものの、臣下のほうが得をする。だから、単なる贈り物の往き来というのではなく、地方の特産物と、中国王朝の宝物との物々交換、それも冊封国のほうが大儲けする物々交換であり、一種の貿易であると歴史学者たちは見ているわけである。

島津が琉球を支配するということは、この朝貢貿易の旨みを得ることにもつながる。まだこの時代の日本は鎖国体制に入っていなかったので、中国との貿易も可能ではあったが、わずかな「投資」で大きなリターンを得られるのだから琉球を征服せず、しかも、中国との朝貢関係を続けさせるのが最も賢い判断であったと言えよう。

しかもこの後、日本は鎖国をするわけだが、琉球は中国の属国であると同時に島津の属国であるという建前から、琉球は鎖国の対象とはならず、幕府も薩摩藩の「密貿易」を半ば公認せざるをえなかった。ちなみに、薩摩藩の輸入品の主体は硫黄《いおう》や銅、あるいは漢方薬の元となる生薬などであったらしい。

だが、こうした密貿易は傍から見ているほど儲かる話ではなかったようである。というのも、そもそもが朝貢なのだから、毎月のように「取引」が行なえるわけでもないし、琉球の使節団にしても、そのころはまずは海路、福建《ふっけん》に渡り、そこから北京まで陸路を進むという長旅で、気軽に行けるものではない。

また、清朝も「どうやら琉球は薩摩に支配されているらしい」と薄々気付いているので、数年に一回という形で朝貢を制限していた時期もあった。直接、手を汚さずにカネが儲かるという話はなかなかないのである。

開国で失われた「裏の収入源」

そんな薩摩藩が本格的に密貿易に乗り出したのは、一八三〇年代、かの調所広郷が財政改革に乗り出した時代である。

だが、いかに九州の南端にある薩摩藩であるとはいえ、密貿易は幕藩体制で最も重い罪である。そこで薩摩藩は「藩主一族の生活費を賄うために」という大義名分で、ごく限定的に貿易をやることを幕府から許してもらった。もちろん、これはあくまでも隠れ蓑で、いったん許可を得てしまえば、琉球にまで幕府の眼は届かないのだから後はやり放題である……というプランだったのだがこれは早々に挫折した。

幕府もバカではないから、薩摩が陰で何をやろうとしているかは最初から気付いている。だから、薩摩の申請にあれやこれやと難癖をつけ、なかなか裁可しない。そこで焦った薩摩は裏金を使って幕閣から許可をもらおうと運動をして、ようやくそれに成功したのだが、その間にあまりにもカネを費《つい》やしたものだから、何のために密貿易をしようとしたのか分からない結果となったのである。

さらに薩摩にとっては運の悪いことに、この時期から琉球にはイギリスやフランスからの船が相次いで来航し、通商を求める事件が幾度となく起きたことである。

おそらく琉球が清国と島津の二重支配を受けているということを知ったうえで、これらの国は開港を求めてきたのであろう。幕府としては琉球が独自に交易を始めるのを許すわけにはいかないし、ましてや、琉球が植民地になったらさらに困る。

かといって、そこで幕府が出張ってくるわけにもいかない。「琉球は独立国である」というのが日本側の正式見解であるから、動きが取れない。

というわけで琉球問題がにわかに江戸でクローズアップされたので、薩摩藩は密貿易をしづらくなってしまった。このあたりも長くなるから話を端折《はしょ》るが、ついには密貿易の責任を幕府から追及されて、財政責任者であった調所広郷は服毒自殺を遂げることになったのは、前にも述べたとおりである。

悪いことはまだまだ続く。幕府の監視を避けながらも細々と行なってきた密貿易もついに終わりの時が来た。調所が自害して一一年後の一八五九年（安政六）に横浜、箱館、長崎において、諸外国との貿易がオープンになった。すなわち開国である。

密貿易が儲かるのは、貿易が制限あるいは禁止されているからである。麻薬や覚醒剤の輸入が禁じられているから密輸に成功すれば巨利を得る。だからヤクザがそこに入る。しかし、ドラッグが解禁され、輸入が自由になれば、もはや闇で取引する理由もない。薩摩藩の「特権」もあっという間に消えてなくなった。

もちろん薩摩にとっては、琉球を通じて世界の情勢を知ることができたのは大いなるアドバンテージであったろう。その意味では琉球とのつながりはありがたかったが、しかし、琉球が幕末島津の「収入源」になったと見るのはやはり早計であろうと思われるのだ。

斉彬の不思議な「軽さ」

さて、斉彬の贋金計画に話を戻そう。

突然、家臣を呼び出して、贋金計画を打ち明けた斉彬だったが、しかし、これは単に「殿様の思いつき」といったレベルではなく、周到に計画されたものであった。
先ほどの発言に続いて、斉彬はこう言っている。

今から四年前の嘉永六年（一八五三）に、茶釜職人の西村道彌という者を江戸から呼び寄せておるのだが、実はこの者は元、江戸の銭座《ぜにざ》で働いていた鋳銭職人であるから、いつでも銭を作ることができるのだ。この者の実力はお家秘蔵の『八景の釜』を貸し与え、それを複製できるかどうか試してみて、すでに証明済みである。そしてこの者がすでに鋳銭法について、鋳物職人の某に伝習させているのだ。

八景の釜とは茶釜のことであろう。今でいう美術工芸品であるから、精緻な意匠の鋳物の複製を作れるほどの技倆《ぎりょう》は並大抵ではない。しかも銭座で実際に貨幣を造っていたというのだから、これは贋金作りにうってつけの人材である。
これを聞いて一同、「さすが我が殿、そこまでお手配済みでありましたか」と平伏したというから、殿様も殿様だが、諫めるどころか褒める部下も部下である。

それにしても斉彬はどうして贋金作りを思いついたのであろうか。贋金作りは何度も書くように国家に対する犯罪である。幕府の権威に対する挑戦である。だが、斉彬の政治姿勢は公武合体、すなわち幕府が朝廷と一体になり、そして薩摩をはじめとする有力外様大名が幕閣に入って、幕府の権威を回復し、外国勢力からの介入を排除しようという考えであった。

桜田門外の変はこれより三年後の一八六〇年（安政七）のことで、この時期に、幕府を倒す、幕府を倒せると本気で考えた人はいなかったと言っていい。

少なくとも、政治に関わる人たちの頭の中に幕府を倒して、新しい政府を作るというアイデアはなかった。倒幕というシナリオが可能なものとして意識されるようになったのは、長州征討のとき、幕府が長州を取り潰しにできず、中途半端なところで妥協をしてしまったのを見て、今日風に言えば「幕府には問題解決能力がない」とみなが理解したころからであろう。

事実、第一次長州征討の体たらくを見て、薩摩藩はそれまでの公武合体策を完全に捨て、「幕府抜きでの新体制」を考えるようになった。その表われが薩長連合であったことは言うまでもない。

したがって、「贋金を作ればすべて問題解決」などと言い出した斉彬に、倒幕の二文字があったとは考えがたい。つまり、これはあくまでも薩摩藩だけの都合、斉彬だけの都合での贋金作りであって、ここには少しも「天下国家のため」という大義名分は感じられない。

巷説《こうせつ》に、マリー・アントワネットが「パンがなければケーキを食べればいいじゃないの」と言ったという話があるが、斉彬の場合、「おカネがないのならば、作ればいいじゃないの?」くらいの軽さである。ここには天下の大罪を犯すという、ためらいや怖れは感じられない。

司馬遼太郎などの語る島津斉彬というのは、一介の下級武士にすぎなかった西郷隆盛の器量を見抜いて抜擢し、また鎖国が国是であった時代にどんどん西洋技術を採り入れた名君、そして天下国家のためを想い、公武合体策を早くから構想していた先見の明に溢れた政治家という、プラスのイメージばかりである。たしかにこれらのことは否定できない事実である。だが、そういった資質と同時に、この人の中には「自分の目的のためならば、手段を選ばない」という、一種、アナーキーとも言える発想が同居して、それが本人の中では少しも葛藤していない。これはいったいどういうふうに考えたらいいのだろう?

結局、このときの贋金作りは試作品として五〇〇〇枚くらいの天保通宝を作っただけで終わってしまった。すでに述べたように、斉彬が急逝してしまったからである。

このとき、斉彬は五〇〇〇名の兵を率いて、上洛をする寸前であった。

斉彬をはじめとする公武合体派の大名たちと組んでいた老中・阿部正弘が一八五七年(安政四)

に死んだ後、井伊直弼《いいなおすけ》が大老に就任したのだが、井伊直弼と斉彬は将軍継嗣《けいし》問題で真向から対立していた。開国を積極的に進めると同時に、朝廷との連携を強めるという目的のために、徳川斉昭の子である一橋慶喜（後の最後の将軍）こそが次代の将軍に最適であるとした斉彬に対して、井伊直弼は紀州藩主の徳川慶福《よしとみ》を推して、大老の権限で反対派を根こそぎ弾圧し、次々と牢に送った。後に言う、安政の大獄である。

斉彬はこれに抗議するために上洛をするつもりであった。なぜ江戸に行かずに京都に行こうとしたかというと、井伊直弼一派が締結に必要な勅許を得ずに日米修好通商条約を結んだことを糺《ただ》すために、孝明《こうめい》天皇を動かして幕府に対して違勅を咎《とが》め、一橋派の復権を実現させようとしたのである。

ところが、この上洛の直前、兵を調練している最中に斉彬は倒れて、そのまま死んでしまった。通説にはコレラによる水あたりであったろうと言われているが、この斉彬の急死についても、薩摩藩のことだから色々な憶測が流れたらしい。もちろん、最も怪しいと思われたのは、斉彬が死ぬことで最も得をする久光一派で、彼らが斉彬を毒殺したと信じる人は今でも多い。

それはさておき、この斉彬の急死で贋金作り計画は頓挫《とんざ》したと誰もが思ったに相違ない。

だが、それがしばらくの時を経て、復活することになる。それを復活させたのは、他でもない島津久光であった。

第4章　大久保利通、密事に加わる

大久保利通

安政の大獄に揺れる薩摩

前章では、贋金作りのアイデアを最初に考え出し、実行に移そうとしたのは、あの名君・島津斉彬であったことを述べてきた。

斉彬は表向き、幕府に対して「琉球で通用する貨幣を造りたい」という請願を出し、実際には江戸の銭座《ぜにざ》にいたことのある職人に命じて贋金を作らせようと考えた。

しかしながら、贋金作りがテスト段階のうちに、斉彬は逝去する。

その後を襲って藩主に就任したのは忠徳（後に茂久、忠義と改名）であった。忠徳は久光の子であったが、藩を二分する争いにならず、すんなり忠徳に次期藩主の座が移ったのは、「忠徳、後継」が斉彬の遺言に記されていたからである。

だが、忠徳はこのときまだ満十八歳と若年であったことを理由に、祖父の斉興が藩政を掌握し、それまでの斉彬の政策を否定し、斉彬の宿願であった率兵上洛は中止し、近代化事業の柱であった集成館などの縮小も命じた。

また、安政の大獄から逃れるために、西郷隆盛に連れられて、薩摩に亡命しようとした僧・月照《げっしょう》の保護を拒否したのも斉興であった。

このとき、斉興は月照を「日向国《ひゅうが》送り」という処分にした。現在の宮崎県南部は島津の所領であるから、日向国送りは薩摩から日向に移送するというふうに聞こえるが、それは表向きの話で、実は薩摩の国境を出たところで同行した役人が殺害するという処分のことを意味した。

これを知った西郷は自分が薩摩に連れてきた責任を深く感じて、月照とともに入水自殺をしたのだが、月照だけが死んで、西郷は一命を取り留めた。薩摩藩は、西郷が生き延びたことに対して、ひじょうに困惑した。というのも、西郷の名は大老・井伊直弼のお尋ね者リストに載っているので、彼が薩摩藩内にいることが分かっては、西郷のみならず、藩の責任も問われることになるからだ。

そこで西郷は偽名を与えられて奄美大島で身を潜《ひそ》めて暮らすように言い渡される。すでに述べたけれども、この時代の奄美大島は薩摩藩のプランテーションになっていて、地元ではコメを作ることも許されなかった。西郷は藩から扶持米《ふちまい》を送られていたので生活に困ることはなく、現地で妻・愛加那《あいかな》をめとった。

このように忠徳時代の初期は祖父・斉興が藩政を掌握していたのだが、その期間は短かった。斉興が一年も経たないうちに病死したからである（一八五九年、安政六年）。

しかし、それで忠徳が藩主として活躍しだしたかというと、そうではない。今度は父親の久光が「国父」として、藩政の指導に当たることになったのである。国父・久光、藩主・忠徳という体制はこのまま幕末・維新まで続くことになる。

謎の男・安田轍蔵

すでに述べたように、斉彬と久光の父・斉興が藩主であった時代、この兄弟は藩内の政治抗争の中でそれぞれが別の派閥に擁立され、そのために外から見れば「兄弟《けいてい》、牆《かき》に鬩《せめ》ぐ」ことになったのだが、弟の久光は本心のところでは斉彬を尊敬しており、事実、久光は斉彬の公武合体路線や近代化政策を復活させた。

とはいえ、贋金作りに関してはさすがに犯罪行為だから、斉彬時代に関わった家臣たちもこれを久光に報告するのはためらったのは当然のことである。また、かりに久光がそれを知ったところでGOサインを出したとは考えがたい。

よって、薩摩の贋金話も本来ならば、名君の急死でもって終わりになるはずであったし、そうなりつつあった。

ところが、ここに――あえて言うが――ひとりの詐欺師が現われたことで、このプロジェクトが墓場から甦ることになったのである。

この「詐欺師」の名前は安田轍蔵《やすだてつぞう》という。

安田は文久二年（一八六二）ごろ――つまり、久光が国父として藩の全権を掌握したころ――薩摩藩にお抱え医師として召し抱えられた人物である。元は大坂の生まれで、薩摩藩大坂屋敷の出入り商人の弟というふれこみで、江戸にいる薩摩藩士と知り合いになった――と、『島津斉彬言行録』に書いてあるのだが、疑り深い私から言わせれば、「大坂屋敷の出入り商人の弟」という話からして、怪しい感じがする。

この書き方からすると、安田が江戸で薩摩藩士と知り合いになり、そのときに「実は私は薩摩藩の大坂屋敷に出入りしております商人《あきんど》の弟でございまして」と自己紹介したのだろう。薩摩藩の大坂屋敷というと、前の章でも述べたが、薩摩藩が奄美の砂糖などを売りさばくための拠点であるから、そこに出入りする商人は多いに決まっている。かりに大坂に問い合わせたところで「そんな業者、いたかもしれませんがにわかに分かりかねます」という答えが返ってくるのが関の山だろう。

だが、大坂の薩摩藩の出入り商人の親族というと、相手はなんとなく警戒感を緩めるというものだ。

なぜ、こういうふうに疑うのかというと、出版社で働いていると、その手の売り込みが実に多いからである。

ちょっと余談になってしまうが、世の中の人というのは「本を出している人」というのを、むやみに尊敬するきらいがある。出版社で働いていたら、カネさえ払えば、その出版社の名義で自費出版本を出せるのを知っているから（このところの出版不況で、ますます出版社は損をしない自費出版本を出したがっている）、本を出していますと言われても「へぇ、そうですか」と頷《うなず》くらいだが、その事情を知らない人は「本が出るくらいだから、この人は相当に立派な人なのだろう」と信じてしまう。それはこれだけネットが発展した時代でも同じで――いや、むしろその傾向は強くなったかもしれない――、「Twitter や Facebook では「出した本がベストセラーになりました」という自己宣伝が絶えることはない。相当にインチキな健康法や利殖法の売り込みが本当の目的だとは思わず、みな疑いもしないで「いいね！」を押してしまう。

こんな風景をしょっちゅう見ているだけに、私はこの安田轍蔵の話を読むと「これはかなり怪しいぞ」と思ってしまうのである。

だが、世慣れていない薩摩藩士は――いや、現代の歴史研究家でさえ――、以下のような安田の売り口上をそのまま受け取っている。現代の研究書の一部を引用する形で、安田の「経歴」を紹介しよう。

すなわち安田は「江戸で医術の修業をしたのみならず、ほかに漢学の学識に優れ、その名声は江戸中に知れわたって」いて、「医術では古法を修得し、（中略）物産学の研究では第一級のもの」であり、「机上の学問ではなく実学としての銅山発見の視点から開発・採掘まで、さらに鋳銭事業を展開するための資源獲得技術から貨幣流通の経済学までを修学していた人物」である。

こんなマルチ・タレントの持ち主が、無位無官で町医者をしているというのであれば、「奇貨《きか》居《お》くべし」と薩摩藩士だってスカウトしたくなるに決まっているが、もちろん、読者もすでに見破っておられるとおり、これは詐欺師の口上である。こんなに有能な男がいたら、とっくに何かの定職に就《つ》いているに決まっている。

この男、どういう手づるかは分からないが、斉彬時代の薩摩藩がひそかに贋金作りをしようとしていた話をつかんで、それで「私の兄は貴藩の大坂屋敷出入り商人でございまして」などと江戸在勤の藩士に近づき、酒飲み話の余談めかして「私はこう見えても銅の採掘、精製から、銭の鋳造技術まで学んでおりましてな」と言ったのであろう。それを聞いた薩摩藩士が、「これは大変な人と知り合った」とばかりに飛びついて、上司に報告して、仕官となったということなのだろう。

そんなに簡単に薩摩藩に「就職」できるものなのかと疑う人もおられるだろう。しかし、この二十一世紀の情報化時代になっても、この手の履歴詐称で大きな会社や自治体や政府のアドバイザーになる人は少なくない。人は中途半端な嘘には騙されないが、スケールの大きな嘘には騙されてしまう習性があるのだ。

文字どおりの「山師」

さて、この安田は自らの「本職」を医者、それも眼科医であると言っている。医者は今も昔も尊敬される仕事だが、しかし、この時代、医者には免許があるわけでもなければ、国家試験があるわけでもない。極端な話、「小生は医者でございい」と言えば、それで医者になれた。

この時代は道はもちろん舗装されていないから、土埃《つちぼこり》が立つ。それが目に入って眼病になることも少なくない。もちろん衛生状態も悪いから、その種の眼病も多い。眼科医は需要が多かった。「風が吹けば桶屋《おけや》が儲かる」というのも、風が吹くと土埃が立って目に入り、盲人が増える。盲人は三味線で生計を立てようとするから、三味線の胴を張る猫の皮の需要が増える。猫が減るとねずみが増え、ねずみが桶を囓《かじ》るから桶屋が儲かって喜ぶという話（小学館『大辞泉』より）だった。

階級社会の江戸時代においては職業選択の自由はほぼない。親が侍であれば、その子も侍、親が百姓であれば、その子も百姓だと決まったものだが、数少ない例外が学者や坊主、あるいは医師で、これは親の身分にかかわらず、自由になることができた。大名のお抱え医師ともなれば、侍同然であるから、貧農の子も大出世ができたのだが、その分、ニセ医者、自称医者がたくさん現われた。

安田はその「自称眼科医」であったと思われる。その証拠に彼は自己の医術は「古法に学んだ」と言っているが、これは要するに「師匠に就かず、独学しました」という意味である。

当代で行なわれているやり方であるのならば、古流、古法とは言わない。今日には伝わっていない方法だからこそ価値があるというメッセージがそこにあるわけで、だから師匠などがいるべくもない。極端な話、先行文献などもなくても、先人の「たましい」を心のうちに復活させて、その心でもって患者に接していると言い張れば、誰もそれを批判できない。「私のやり方が古法でないとしたら、証拠を持ってこい」と言い返せばいいだけの話だ。

落語の中には、口先だけは巧みでも本当は医学の知識がまったくないニセ医者が、舌先三寸で患者を騙すという話がしょっちゅう出てくるものだが、この安田もそういうたぐいであろう。

まあ、これだけでも相当にいかがわしいが、さらに安田は物産学、中でも「山相のこと」について通暁《つうぎょう》していたという。「山相」とは何か。これは人間の手相・人相と同じで、山の姿を一目見ただけで、その地面の下にどんな鉱物が眠っているかがピタリと分かるという話だ。

こういう人を昔から何と言ったか。そう、「山師」である。

安田は「古法」を学んだ眼科医で、自らも認める山師というのだからこれだけで相当に危険信号である。

佐藤信淵という「ハッタリ」屋

さらに言えば安田は、佐藤信淵《さとうのぶひろ》の弟子を自称していたという。

この佐藤信淵、今でも日本経済史に名前を残している経世家《けいせいか》（経済学者）ではあるが、この先生と来たら、自分がのし上がるために「我が家は五代にわたって学者を輩出した家系である」という大嘘をつき、本当は自分が書いた著作なのに、「これは佐藤家に伝わる門外不出の書でありますす」というハッタリで、世間に認められようとした。谷沢永一先生は信淵のことを、「最初から最後まで嘘をつきハッタリで通している」詐欺師とさえ言っているほどだ。

私は門外漢だが、佐藤信淵の著作はそんなハッタリさえ止めておけば、もっと世間から評価されてしかるべき部分は多々あるらしい。だが、世に受け容れられたい、世に自分の説を広めたいという欲望があまりにも強くて、ついつい経歴を詐称してしまったということのようだ。

とはいえ、この経歴詐称が効いたのか、それとも実力が認められたのか、佐藤信淵は時の老中・水野忠邦《みずのただくに》に認められて、その経済政策の諮問役をしていた。

さらに、信淵は島津重豪が藩主であった時代、直接、二度も薩摩藩に足を踏み入れ、実情を視察したうえで『経済提要』『農政本論』、そして『薩藩経緯記』という三冊の著書を執筆している。前章で、紹介した調所広郷の五〇〇万両の借金踏み倒しも、そもそもは佐藤信淵のアイデアであるとも言われているほどだ。

おそらく安田が「自分は佐藤信淵先生の弟子である」と自称したのは、佐藤信淵と薩摩藩のつながりが深いことを知っていたからだろう。その当時でも、薩摩藩には佐藤信淵流の財政学を学んだという藩士は少なくないから、「我が輩は佐藤信淵の最後の弟子で」と言えば、それは下にも置かない扱いであったと想像できる。安田が薩摩藩に売り込みをかけたころには、すでに佐藤信淵がこの世にいなくなって数年を経ているので（嘉永三年、一八五〇年没）、弟子を名乗ってもバレる気遣いはないし、かりにバレたとしても「いや、小生は没後の門弟にござる」と言えば、それで何とか言い抜けることができるという計算もあっただろう。

こうしてみると、この安田は詐欺師としてはなかなか上等な部類であったと言えよう（だからこそ、後に述べる「スパイ容疑」が生まれるわけだが）。

とはいえ、安田が薩摩藩お抱えになるのもそう簡単な話ではなかった。というのも、やはり薩摩藩の上層部には安田に疑いの目を向ける人も少なくなかったようで、斉彬の時代に出された、召し抱えの提案はいったん否決されている。

「そもそも『眼科医として江戸市中に知れわたっている』と言うけれども、その証拠はどこにもない」ということ、また、出自が確認できないということがその理由であったらしいが、これはまことに当然の判断だ。

だが、それでも安田は諦めなかったようで、その後も足繁く江戸の薩摩屋敷に出入りして、国父・久光の時代になって、ついには医師として召し抱えられた。

ここの事情についてはほとんど史料がないが、素性の怪しさや眼科医としての技倆の疑わしさといったマイナス要因を乗り越えて採用となったのは、どうも、この男がどこから聞きつけたのか、亡くなった斉彬が贋金作りをしていたことを知っていて「私をお雇いいただければ、たちまちに贋金を作って進ぜましょう」という売り込みが功を奏したからのようである。

安田、島流しに遭う

この安田轍蔵という男、口が上手なだけではなかったようで、あちらこちらに人脈を持っていたらしく、ひとたび薩摩藩から鋳銭、つまり贋金作りを請け負うことになってからは、たちまちにして銭作りに必要な職人を一〇人ほどかき集め、彼らを薩摩に送り込む段取りを付けた。

安田は、薩摩藩が銭の材料や施設を提供するという条件で贋金作りを請け負った。彼の取り分は、出来上がった銭の半分ということになっていたようだ。職人たちの人件費をそこから払うとしても、これは実にうまい話である。安田が張り切ったのも無理はない。

かくして一八六三年（文久三）、安田や職人たちが鹿児島にやってきてさっそく銭を作ろうとしはじめた矢先、「安田は実は幕府の密偵ではないか」という噂が立った。こんなにも簡単に腕《うで》利《き》きの職人を集めたりすることは普通の人間にはできない。そこには幕府の手助けがあったのではないかと推理する者がいたのであろう。たしかに、そう疑えば疑える。

そこに登場したのは、前に斉彬が贋金作りを下命した市来四郎である（実はここまでの話も市来の証言を収録した『島津斉彬言行録』に拠《よ》る）。

その市来の証言を筆者なりに意訳して、紹介してみよう。

安田なる者が鋳銭のために江戸からやってきたというが、これは幕府の密偵ではないかと友人の久木山泰蔵に相談した。市来は久木山に「実はここだけの話だが贋金作り計画は御先代（斉彬）の御発案であり、その目的は軍備を充実し、外国に侮られないようにし、また、上洛して天皇をお守りするための軍費に充てるというものであって、けっして私利私欲のためのものではない。しかるに、このたびやってきた安田という者はしょせん自分の儲けのためにやってきたのであって、かりに鋳銭が藩のためであるとはいえ、このような私利私欲の輩《やから》が加わっているということが世間に知られれば、大義名分が立たない。とはいえ、このように安田が東奔西走してくれたからこそ、職人も集まったのも事実であり、ここで幕府の密偵ではないかと自分が言い立てるのは、安田の手柄を奪うように思われないだろうか」と言った。

すると正義感の強い久木山は、今は国家、危急存亡のときであり、そのためには財政こそが重要であるのは論を俟《ま》たない。しかも、贋金作りは先公のご意志であったというのだから、このような事柄を一日でも放置するわけにはいかないと憤然と立った。

市来が驚いて「どこに行くのか」と訊ねると、久木山は久光の側近である大久保一蔵のところに行くという（言うまでもないが、大久保一蔵とは後の大久保利通のこと。「高崎崩れ」の政変で、長らく自宅蟄居をしていた大久保だったが、久光が囲碁好きと聞き、機会をつかまえて久光と囲碁をするチャンスを得、公のお眼鏡にかなって今やその側近となっていた）。

久木山と市来から話を聞いた大久保は、今は亡き斉彬がそのような計画を立てていたことを初めて知って驚いたが、安田が幕府の密偵であるかもしれないと聞いて、ただちに関係各所に連絡をして、安田たちの行なっていた銭作り事業を移管してしまった。

と同時に、安田の周辺を探索したところ、安田宛に江戸から届いた書状の中に、不審な暗号のようなものが書かれたものがあることを発見する。そこには「薩摩の国情を調べるように」といった趣旨の命令が書かれており、それをさっそく大久保に手渡したところ、大久保はただちに安田を呼び出し、「十人扶持を与えるから、すぐさま屋久島《やくしま》に渡るように」と言い渡した。

もちろん屋久島には安田のやるべき仕事などあるはずはない。文字どおりの島流しである。

大久保利通の登場

このあたり、あまりにも段取りが良すぎるので、謎の書状とやらは最初から大久保たちが紛れ込ませたものではないかという気がする。いや、そもそも「安田は幕府の密偵ではないか」という噂を流したのも大久保ではないかという疑いさえ持ってしまう。

ただ、たしかに安田も疑われるようなところがあって、彼は江戸にいる時から幕臣の小栗上野介と知友であり、この鋳銭事業に関わる際に小栗に相談していた可能性がある。それが真実だとするならば、腕利きの職人があっという間に集まったというのも説明できる。

そこでさらに推理を大きく広げていけば、大久保は安田が江戸で薩摩藩士に接触してきたころから彼をマークしていたのかもしれない。

そして、小栗上野介とも親しいこの男を上手に使えば、贋金作りに必要な職人も簡単に集められる、安田は鹿児島に来たところで島流しにしてしまえばよい。しょせん安田は無位無官の町人にすぎないのだから、この男が消えたところで、幕府も表だって騒ぎ立てはできまい——と、このように計画を練ったのではないか。もちろん市来や久木山から斉彬の鋳銭計画のことを聞かされて、「そんな話は初耳だ」と驚いてみせたのは芝居だったというわけだ。

いや、さらに「安田が小栗上野介と昵懇《じっこん》であった」という話も考えてみれば、事実かどうか疑わしい。

もし、これが事実とするならば、安田はあらぬ疑いを受けないように小栗と昵懇であるという話を隠したであろう。そもそも、贋金を作るというのはご禁制に他ならない。それなのに幕府側の人間と通じていると薩摩の人間に話すのはいかにも迂闊《うかつ》だ。また、一介の町人にすぎない安田が勘定奉行の小栗上野介と親しいというのも怪しい話だ。

小栗上野介忠順は、二五〇〇石取りの天下の旗本である。のちにポーハタン号でアメリカに渡り、日米の通貨の交換比率の見直し交渉に臨《のぞ》んだり（交渉は不成立）、ワシントン海軍工廠《こうしょう》などを見学したりして、アメリカの産業力にいち早く触れ、帰国後には横須賀製鉄所の建設に関わるほどの男だ。すでに触れたとおり戊辰戦争のときに官軍との徹底抗戦を唱えたために左遷されてしまうが、もし、小栗の作戦が採用されていたら官軍は壊滅していたかもしれないとさえ言われている。勝海舟とは違うタイプだが、幕末の幕府を代表する改革派官僚である。

そうした小栗が安田との接点を持っていたというのも考えてみれば不思議な話だ。とすると、そもそも「安田が小栗と親しい」という話も大久保の側があらかじめばらまいていたと見るのが正しいのかもしれない。

だとすると、大久保はかなり前から安田の動きを察知していて、時が来たら安田を無実の罪で追放し、大久保自らが鋳銭事業を乗っ取るというプランを描いていたと見るのが正しいのかもしれない。

これは『島津斉彬言行録』の証言者である市来四郎には悪いが、市来はたしかに幕末の薩摩藩においては能吏であった。しかし、彼の証言を聞いていると、どこか「大局観」に欠ける印象を拭《ぬぐ》いきれない。斉彬の時代から久光の時代まで、次から次へと藩の事業をそつなくこなしているのだが、「政治」というものを見る眼力に欠けているように思われる。

事実、市来は幕末の動乱の中にあっても、藩の実務にもっぱら携わり、他藩との外交交渉などには参画していない。幕末の最終段階である、榎本武揚《えのもとたけあき》との箱館戦争に出征したとあるくらいで、あとはずっと薩摩にいたようである。大久保や西郷たちが京都で行なっていた情報戦、謀略戦などとは縁のない世界にいたわけだから、よく言えば、モノの見方がひじょうに素直、悪く言えば、裏を読むことがない。それは証言を読むとよく分かる。この安田の一件に関しても、市来は推理を少しもはさまずに自分の見たことだけを証言している。いい証言者であるのだが、いい観察者ではないのだ。

戦争相手から戦艦を買う、薩摩武士のしたたかさ

まあ、市来のことはこのくらいにして、大久保は安田の事業を乗っ取ったあと、大車輪で贋金作りを始めることになる。

何しろ、この文久三年といえば、前年に起きた生麦事件で、薩摩藩士がイギリス人を殺傷（一名死亡、二名負傷）したことの賠償を求めて、イギリス艦隊が薩摩にやってくるのではないかと言われたところで、まさに戦争直前の状況である。カネはいくらあっても足りることはない。

実際、大久保指揮の下、イギリス艦隊が来るまでのわずか数ヵ月にして三〇万両の贋金が出来たと市来は語っている。

薩英戦争はご存じのとおり、薩摩藩が攘夷から開国へと大きく舵を切り、英国と連携すること

になるきっかけになった戦争である。鹿児島湾に侵入してきた英国艦隊に対して、薩摩藩は陸上から砲撃を加えてそれなりの戦果を得たが、英国艦のアームストロング砲は薩摩の城下町の一割を焼失させ、また斉彬の作った集成館や鋳銭所も破壊した。この惨禍に薩摩藩は衝撃を受け、西洋文明の優位性を思い知ることになる。

ちなみに、この戦争で薩摩は潔《いさぎよ》く負けを認め、薩摩藩の代表が英国艦に出向いて和平交渉を行なうことになるのだが、このとき、イギリスが薩摩に示した賠償金は六万三〇〇両だった。

この額を聞いて、薩摩藩の代表はこともなげに「我が藩にはそんなカネはない。よって幕府から借りて支払うしかない。幕府から賠償金はもらってくれ」と言ったあとに、「ところで、貴国の戦艦はたいへんに素晴らしい。ぜひ一隻譲ってもらえないだろうか」と付け加えたので、さすがのイギリス人も驚いて、言葉を失った。

「カネなどない」と言いながら、それでいて「戦艦を譲ってくれ」とはどういう精神なのか。これを聞いたイギリス艦隊の代表が「これは女王陛下の船であるから、譲るとか売るというものではない。しかし、貴国が『戦艦が欲しい』というのであれば、我が艦隊に不要な艦があるので、本国の許しがあれば売ることができるかもしれない」と返事をすると、薩摩藩の代表はにっこり笑って「それはいい」と返事をしたので、ますますイギリス人は驚いた。

しかし、読者はこのやりとりを聞いても、少しも不思議に思わないだろう。なにしろ、このときすでに薩摩藩の金庫には三〇万両分の贋金が入っていたのである。鋳銭所は焼けてしまったが、こんなのはすぐに再建できるから（実際、一二日間で鋳銭の機械も含めて全部、再建したという）、まだまだ銭は作れる。戦艦など買おうと思えばいくらでも買えるのだ。

ちなみに、「賠償金は払えない」とうそぶいたのは、幕府が弱腰で、英国ともめ事を起こしたくないことは十分に承知しているから、「賠償金を払うカネはない」と言えば、きっと支払うに違いないと踏んでいたからである。事実、後に幕府は薩摩の賠償金を立て替えて支払っているので、その見込みは間違いではなかった。

藩を挙げての贋金プロジェクト

薩英戦争後も、薩摩藩の贋金プロジェクトは順調に進んだ。あの大久保利通が仕切っていたのだから、それも当然のことだろう。

どのくらい順調だったかというと、調子に乗って作りに作ったものだから当初用意していた材料が一時的になくなって、操業停止を余儀なくされたほどだった。

銭に必要な材料は銅、鉛、スズなどであったが、ことに銅の地金の調達が難問だった。というのも、その当時は幕府も財政悪化に悩んでいて、天保通宝を増産するために銅の地金を大量に購入したほか、幕府や諸藩が大砲の製造のために競って銅を買い入れていたからだ。

そこで薩摩藩では藩内に通達を出して、無用になった銅製・スズ製の食器や道具類の買い上げをしはじめたがそれでも必要とする分量に足りない。そこで今度はこともあろうに、領内の寺院にある仏具や梵鐘《ぼんしょう》を没収するという力技に出た。その対象には島津家ゆかりの諸寺までも含まれていた。

昭和戦中期の日本も金属製品を民間から徴発したわけだが、こちらは武器や弾丸を作るため。このときの薩摩は藩を挙げて贋金を作るためなのだから、似ているようで大いに違う。むしろ、こちらのほうがずっと痛快ではある。

後述するが、幕末の薩摩ではこのあとに猛烈な廃仏毀釈《はいぶつきしゃく》が行なわれて、藩内の寺という寺がすべてなくなるという時代が来る。寺のシンボルである梵鐘、法要に必要な仏具でさえ、銭作りのためには遠慮会釈なく没収するというこのときの徹底ぶりは、その廃仏毀釈のいわば前触れであったと言っても間違いではないであろう。

第5章　武士道と商人道

「忠臣蔵十一段目夜討之図」（歌川国芳画）

なぜ、斉彬や久光は贋金作りをためらわなかったのか？

さて、ここまで薩摩藩の「贋金プロジェクト」の概略を述べてきたわけだが、藩を挙げての贋金作りはまさに前代未聞のことである。何度も言うように、贋金作りはどの時代、どの社会においても絶対に許されない犯罪である。

なのに、薩摩藩においては――。

第一に、「賢侯」と呼ばれた、いや、事実、「賢侯」であった島津斉彬が発案し、

第二に、それを久光とその側近である大久保利通らが引き継ぎ、

第三に、鋳銭の材料集めのために薩摩藩の住民は上から下まで、それに協力した。

どう見ても、薩摩藩の中においては鋳銭は誰もが知っている話であり、それに対して「これはご公儀に逆らう、天下の大罪だから止めるべきだ」という世論が少しも起きた様子がない。それはあの真面目一辺倒の、市来四郎でさえ「恐れ多いことをした」とは語っていないことからも分かる。

それにしても発案者の斉彬も、また久光も当時の大名としては、ひじょうに教養のある人物である。斉彬は洋学に深く傾倒していたし、また、久光は国学に通じていたという定評がある。そして、ともに日本という国家を憂う気持ちは他の大名の誰よりも強かったと言えるだろう。その

二人がともに贋金作りを発案し、主導したというのはきわめて矛盾しているではないか。一方で愛国者であり、一方で国権に対する犯罪者であるという状況をどう理解すべきなのか。

さらに付け加えれば、武士とは金勘定のことを超越した存在であることが求められる。「武士は食わねど高楊枝《たかようじ》」という言葉があるように、たとえカネがなかったとしても、そこでおたおたするのではなく、楊枝をくわえて悠然としていなければいけない。金儲けなどはもってのほかで、そのような下賤なことは商人にさせておけばよいというのが武士の発想である。

なのに、この薩摩という国ではそうではない。たしかに斉彬は自分の考えた近代化事業のためにはカネを惜しまず使ったが、足りなくなれば家臣に「良きに計らえ」と言って、金策は丸投げにするのが普通であるところを、自ら贋金作りに邁進《まいしん》した。それを引き継いだ久光も、また大久保や西郷などもカネこそが生命線（キケロの言う「戦争の筋肉」）とばかりに贋金作りやマネーロンダリングに関わっている。

これもまた武士道からは大きく逸脱する所業であり、いったいこの状況をどのように捉えればいいのか、と当惑させられてしまう。

武士道と儒教は違う倫理体系

一般的に江戸時代の武士の倫理体系のことを「武士道」と言う。

武士道とは、何か――それは今さら説明するまでもないことだが、その根本原理は「君に忠」、つまり、自分の仕えている主君に対して忠誠を誓うということである。

武士道はしばしば儒教道徳を基にしていると言われるが、武士道と儒教とは違う。なぜならば、儒教の場合は君主に「忠」であるということよりも、親や先祖に対して「孝」であることが優先されるからである。老親を養うという義務を果たさないで、君主のために働くというのは儒教道徳においては、物事の順序をわきまえない者がやることであって、親不孝こそが最大の罪なのである。

よく芝居などでは「忠ならんと欲すれば孝ならず、孝ならんと欲すれば忠ならず」という言葉が使われる。これは元々、平重盛《たいらのしげもり》が父・清盛《きよもり》と朝廷との間で苦悩するときに発したというのだが、このようなハムレット的な悩みは、中国の倫理からすればそもそもありえない話で、親孝行を先にするのが当然である。

だから、中国の戦争においては、敵の王の墓を暴くことが最大の挑発になる。墓を暴き、その骨をばらまいて、台無しにする。それをやられたら、かならず復仇《ふっきゅう》をしなくてはならない。そんなことをされたら、ただちに出撃しないと、その者の人間性が疑われるというのが儒教世界の倫理である。

「墓などは単なる記念碑にすぎない。先祖の骨は単なる物質であるから、こちらに親孝行の心があればそれでいいのだ」などという理屈は成り立たない。孔子も『論語』の中でしばしば語っているように、親や先祖に対する供養をきちんとすることが君子であるための第一条件なのである。

よって、中国世界では親殺しは、普通の殺人よりも重い刑を与えることになっている。といっても、殺人に対する刑は死刑であるから、死刑より重い刑は普通では考えられない。ところが中国の儒学者たちはそこで知恵に知恵を絞って、死刑より重い刑を考え出した。それが凌遅刑《りょうちけい》というもので、簡単に言えば、一息に殺すのではなく、何日にもわたってゆっくりと死に至らしめる。その方法はいくつもあるのだが、あまりにも残酷すぎるので、ここでは書かない。興味のある方は桑原隲蔵《くわばらじつぞう》『中国の孝道』（講談社学術文庫）を読まれるといい。

さて、このように「親に孝」であることを第一義とする中国に対して、日本の武士道では自分が仕える君主に対して忠義を果たすことが第一である。そして、この「忠」であることは、国家の法よりもしばしば優先する。

しかし、こうした「忠」を最優先する武士道が生まれたのは江戸時代に入ってのこと。それ以前、戦国時代の多くの武士たちにとってはよく言われるように「下剋上」が当たり前。無能な君主に忠を尽くすなど、自らを滅ぼすようなものだからありえない相談だった。

しかし、徳川幕府が成立し、今後は「太平の世」を目指すというのが国家目的になった以上、そのような実力主義はむしろ危険思想に近い。そこで幕府は儒学者をブレーンにして、儒教に基づく「武士の倫理」を統治の中心に据えることにした。

しかし、その試みはまことに正しいとしても、人々が本当に新しく作られた「武士道」を自分の規範として受け容れるかは別の話であるのだが、その試みは成功しすぎるほどに成功したと言えるだろう。

それを象徴したのが赤穂《あこう》事件、すなわち忠臣蔵である。

忠臣蔵から考える武士の倫理

忠臣蔵の物語は今さら説明するまでもないだろうが、この話の発端を現代的な語り口で解説するとこうなる。

容疑者である浅野《あさの》内匠頭《たくみのかみ》（播磨赤穂藩主）は朝廷からの勅使を迎えるための接待役に任じ

られ、かねてから被害者・吉良上野介《きらこうずけのすけ》の指導を受け、その役を無難にこなしていたが、元禄十四年（一七〇一）三月十四日、江戸城本丸・通称「松の廊下」にて、吉良上野介に背後から斬りつけ、軽傷を負わせたが、現場にいた梶川頼照《かじかわよりてる》らが取り押さえて逮捕に至った。犯行に至った経緯などは分かっていないが、かねてから吉良上野介が勅使を迎える作法の指導料という名目で賄賂《わいろ》を要求し、それを浅野内匠頭が拒否したため、両者の関係はこじれていたという情報もある。

この事件の報告を受けた将軍・綱吉は、勅使を迎えての重大な儀式を台無しにされたことを重視し、即刻、浅野内匠頭の切腹および赤穂藩の取り潰しを命じた。この処分について、識者の中には「これまで江戸城内などでの刃傷《にんじょう》事件は発生していたが、どれも喧嘩両成敗《けんかりょうせいばい》の原則に従って裁かれていた。事実認定などを行なわないままの加害者の即日切腹は例がなく、この原則が無視されたことは重大な問題だ」としている。

こうして赤穂藩は十分な詮議もないまま、取り潰しになったわけだが、赤穂藩の筆頭家老である大石内蔵助《おおいしくらのすけ》は当初、浅野内匠頭の弟・浅野大学《だいがく》を藩主に据えての赤穂藩再興のための運動をしていたが、その道が閉ざされたことを知り、方針を一転して、吉良邸討ち入りを浅野家の旧家臣らとともに行なうことを決する。当初、この計画に参加を表明していたのは一〇〇名を超えるが、時間の経過とともに脱落する者が増え、翌元禄十五年（一七〇二）十二月十五日未明、大石内蔵助ら総勢四七名が吉良の住む本所松坂町《ほんじょまつざかちょう》の邸を急襲し、吉良上野介を殺害することに成功する。このとき、吉良側の死者一五名、負傷者二三名だったと伝えられる。

さて、この事件は当時から今日に至るまで赤穂浪士たちの義挙として受け止められているが、しかし、客観的に見れば、これは赤穂浪士たちが起こしたテロである。なぜ殺人事件と呼ばずに、テロというかといえば、大石内蔵助らの「義挙」は、将軍綱吉が浅野内匠頭に対して与えた切腹の刑に対する、公然たる異議申し立ての意味合いを持つ、政治的事件だからである。

また、そこまでの政治的意図がなかったとしても、当時の武士社会の慣習法で許されていた仇討ちとは子が親の敵を討つというぐあいに、目上の親族の復讐をするためのものと規定されており、この赤穂事件のように「主君の仇を家臣が取る」という例はかつてなかった。つまり、儒教の言葉で言うならば、仇討ちとは「孝」のためのものであり、「忠」ゆえに行なうものではなかったわけである。

よって、この吉良邸大量殺人事件においては、赤穂浪士こそが絶対的な悪であり、吉良上野介やその家臣たちは一方的な被害者である「べき」だったのだ。

ところが、この事件に対する評価は大きく割れた。特に江戸の町人たちは主家がすでにお取り潰しになり、浪人の身でありながらも、旧主家に対する恩を忘れず、その仇敵を討ち取ったことは天下の義挙であるとして褒め称え、後にはこれをモデルにした『忠臣蔵』という芝居（歌舞伎）までが生まれることになった。

また、名だたる儒学者の中にも赤穂浪士たちの犯罪を肯定する論を唱える者が何人も現われた。つまり、本来ならば幕府の統治ルールを弁護するはずの儒学者でさえも「忠」は、既存の法をも超える行動規範だと考えるに至ったということだろう。

「主君のため」ならばすべては許される

かように赤穂浪士の義挙は、その後の武士道のあり方を大きく規定するものになった。主君に「忠」であることは、他のあらゆるルールを超えるものとなった。それは具体的にはどういうことかというと、主君を守るためであったら、いかなる不法行為も許されるということだ。

より具体的に言うならば、主君をかばうためであれば、どんな嘘を言ってもいいし、場合によっては重要書類を書き換えたり、破棄したりしてもいい――そう、すでにお気づきであろうが、この武士道精神は今でも日本の一部の社会に残っている。

たとえば「大東亜戦争」時の軍部はまさにそうであって、自分たちの立場を守るためならば国民に嘘をついても許されるし、ことによれば天皇にさえ虚偽の報告をしてもよいということになった。本来ならば、軍人は大元帥《だいげんすい》たる天皇の指揮下にあるわけだから、天皇に嘘をつくということはあってはならない。だが、彼らにとっては正直に事実を国民や天皇に告げることは、自分の上官や同僚を裏切ることであり、また「絶対不敗論」に凝り固まった軍部内の空気に逆らうことであった。それは本来の「忠」とは異なるものであったが、言ってみれば自己が属する集団を守るためならば何をしても許されるという、武士道の変形した姿であると言えよう。江戸時代の言葉で言えば「お家大事」という精神である。

また最近でも、総理大臣を守るために官僚たちが重要書類を書き換えたり、あるいは破棄したり、それどころか最初から記録を作らなくするということが常習となっている。これも形を変えた武士道の姿であろう。

市場の倫理、統治の倫理

だが、こうした武士道のあり方はけっして日本だけのことではない。

アメリカの社会学者ジェイン・ジェイコブズは『市場の倫理　統治の倫理』（ちくま学芸文庫）

という本の中で、世界中のモラル体系は大きく言って二つに分けられると言っている。逆に言うと、モラルの種類は二種類しかないということだ。それが彼女の著書のタイトルにもなっている「市場の倫理」と「統治の倫理」である。

「市場の倫理」とは日本で言うところの商人道のことである。一方の「統治の倫理」は武士道である。

ジェイコブズの議論を私なりに要約すると、閉鎖的な社会においては「統治の倫理」が重視される。

閉じた社会を維持するためには、何よりも秩序が優先されないといけない。そこでは王や君主など統治者の言うことが絶対であり、それに服従をすることが道徳的に正しいとされる。上位者を守るためには、よそ者を裏切ってもかまわないし、嘘をついても許される。

また、上位者の命令に従わない者を放置することは社会の秩序を破壊することにもなるので、彼らは社会から追放されたり、あるいは死刑宣告を受けたりする。また、自分たちの社会に属さない人間は基本的に「敵」と見なされ、そうした人間は排除され、攻撃される。いわゆる「いじめ」や「村八分」がそうである。

一方、開放的な社会においては「市場の倫理」が重視される。市場の倫理とは、文字どおり、マーケットを維持するための倫理である。健全なマーケット、商取引が行なわれ、経済が盛んになるためには、他者を積極的に受け容れることが大事である。

もちろん、「よそ者」の中には嘘をついたり、人を騙したりする人間もいるだろうが、最初からそうして疑っていたら、マーケットは発展しない。

だから、市場の倫理においては、外からの訪問者を歓迎することが求められる。また、市場での商取引が正しく行なわれるためには、正直さが求められる。正直さが失われ、嘘つきがはびこれば、誰も市場で買い物などしようとは思わなくなるので、そうした社会は滅びてしまうしかない。

江戸時代の商人道の代表といえば、石田梅岩《いしだばいがん》の「石門心学《せきもんしんがく》」が挙げられる。梅岩は江戸時代の中期に生きた思想家であるが、彼の教えの根本は「正直さ」である。

「真の商人は先も立ち、我も立つことを思うなり」

「屏風《びょうぶ》と商人はまっすぐであれば必ず立つ」

これらは石田梅岩の教えの中でも最も有名なものだが、ともに正直さ、誠実さを教えるものだ。

本当の商人は、取引相手を優先に考えるものだ。そうすれば自然と自分のほうも人から信頼され、商売もうまく行くようになる。屏風はまっすぐに立てればかならず立つ。それと同じように、商人も真っ正直であれば、かならず商売は成り立つ。

もちろん商人は儲けなくてはならないが、それには正直を貫き、嘘をつかず、相手から信用されるようにするのが大前提であり、自分の金儲けだけに目がくらんでいては、やがては他人から見捨てられるようになる。

統治の倫理である武士道においては、主君のためには嘘や裏切りさえも肯定されるが、市場の倫理である商人道ではそれは絶対にやってはいけないことである。自分の仕えている主人にゴマをするような商人は、他人からは信用されず、出世することはかなわないのである。

つまり統治の倫理と市場の倫理、武士道と商人道とはあたかもユークリッド幾何学における平行線と同じく、どこまで延長してもけっして交わることのないモラルの体系であるということになる。

ここまでは日本の例だが、海外においても事情は同じである。アメリカといえば、公正で正直であることが求められるという印象があるが、それはニューヨークやロサンゼルスに代表される商業都市、工業都市の話であり、ワシントンのような政治都市、あるいはそれとは正反対に小さく、人の出入りも少ない町や村では、人々は統治の倫理で生きている。同じアメリカでも環境によって、どちらの倫理が優勢になるかは違ってくるというわけだ。

武士道と商人道は交わらない平行線

さて、そろそろ話を元に戻そう。

こうして考えていくと、江戸時代の武士たちが「武士は食わねど高楊枝」と、ことさらに金銭を軽視し、貧乏であることを恥としない哲学を持っていたことは理解に難くない。武士とは統治の倫理に生きるものであるから、商人たちのように富を追い求める生き方は軽蔑すべきものであるとされる。

武士にとっては主君が第一であり、その主君からの扶持《ふち》が少ないとか多いとかを云々するのはあるまじき行為である。また貧乏だから倹約して、おカネを貯めようなどというのも恥ずべき発想、町人のような考えであり、金銭があろうとなかろうと関係なく、高楊枝で飄々《ひょうひょう》と生きていくべきであるのが武士なのである。

だから、江戸時代の武士道では――「江戸時代の」という限定詞を付けるのは、戦国時代の「武士道」とは違うからだ。そのことについてはここでは述べるゆとりがないので、読者一人一人がお考えいただきたい――、商業とは卑しむべき職業であった。

俗に「士農工商」と言う。士・農・工・商という四段重ねの階級制度は江戸時代になく、士農工商という言葉も江戸時代になかったわけだが、少なくとも武士が商人を最も軽蔑していたのは間違いない。

農民や職人は額に汗してモノを作り出す。しかし、商人は人が作ったものを持ってきて売るだけで、カネを稼ぐ（ここにすでに商業に対する無理解がある）。それどころか、カネを他人に貸して利息を取るとは何事《なにごと》であるか。商人どもは指一本動かしていない。なのに、時期が来たら、利息を取り立てに来るのである。これこそインチキの極みであると武士は思った（そのインチキ商人からカネを借りねばならなくなったので、さらに商人に対する軽蔑や憎しみは深まった）。

かようのごとく、武士道と商人道はけっして交わることのない平行線なのである。

武士から見れば、商人は社会に巣くう寄生虫のようなものであり、その寄生虫が好むゼニカネもまた唾棄《だき》すべきものだと思われた。

一八三〇年代、幕藩体制に何が起きたのか？

いや、それどころか、武士にとってはゼニカネに直接触れることすら忌むべきことだという観念があった。

しかし、時を経るにつれ、そのようなことを言っていられるような時代ではなくなった。

坂田吉雄は『明治維新史』の中でそのことを次のように記している。

文政から天保にかけての時期——一八三〇年前後——に武士ならびに農民の大半が生活難に苦しんでいた。封建社会において支配者層である武士と生産者層である農民との大半が生活難に苦しむということは正《まさ》に社会的矛盾であった。（中略）しかし、諸藩財政の破綻ということから云えば、全国諸藩の財政はそれより百三十年前の元禄期に既に破綻していたのである。元禄期とこの時期とのちがいは、元禄期には諸藩は町人からの借金で財政の破綻をつくろうことが出来たのに、この時期になると永年の借金が積み重なったためにその利子の支払いにも窮して来たという点にある。

なぜ「封建社会において支配者層である武士と生産者層である農民との大半が生活難に苦しむ」という社会矛盾が起きてきたのだろうか。

その答えは、言うまでもなく幕府が採用した「コメ本位制度」にある。

幕藩体制における「納税者」は、基本、農民だけであった。町人はみんな無税である。大名や幕府、あるいは幕臣などは農民が収穫する農作物（主にコメ）のうちから何割かを収税する。その集まった税金＝コメが家臣への給与（禄）となって渡される。この田畑の収穫物からの納税の割合は固定的であったし、給与として渡されるコメの分量もまた固定的であった（たまに改定される)。

したがって農民↓藩↓家臣へという経路においてはコメの流れはいつでもほぼ同じで、コメを通貨とみなせば、インフレもデフレも起きない超安定経済である。

ところが、その一方で「ゼニカネ」が動く世界がある。それは商人たちが主となって働く場所(市場)であって、ここには各地の余剰生産物も工業生産品も集まるし、また幕府や大名、その家臣が消費行動のために必要とするゼニを手に入れるために、コメとゼニを交換する場所でもあった。

ここでは、モノそのものを売り買いするだけでなく、それを加工した産品も売られる。加工品の価格には原料の価格だけでなく、それを加工した際の加工費もかかる。また市場の動きによっては、コメの値段が買い値よりも売り値のほうが高くなる。つまり、商品経済の世界では必然的にそこで売り買いされる商品の総額は、元値の総額よりも高くなるわけだから、ここでは徐々にではあっても、物の価値が高くなっていく。

わずか一〇〇年でなくなった「幕府の軍用金」

坂田吉雄によれば、十七世紀後半から十八世紀初頭の元禄時代――というから、幕府が出来てから一〇〇年も経たないうちに、軍用金として江戸城に蓄えられていた数千万両がことごとく放出されて、大坂・京都・江戸の三都の商人の手に渡ってしまったという。

この最大の原因は五代将軍・綱吉の放縦《ほうしょう》な生活や、「生類憐《しょうるい》みの令」が象徴する数々の悪政の結果だとは言われるが、しかし根本は幕府が誕生してから一〇〇年近くなり、平和の世が続き、商業経済が発展したことで、その市場で通用する通貨の量が格段に増えたために、幕府が市場に資金を提供したという見方もできるだろう。

さて、幕府でさえ数千万両の蓄えがなくなったというのだから、コメ本位制度で生きていた武家たち（そして農民たち）の生活はどうなるか。収入源としてのコメの分量はさほど変わらないのに、モノの価値は上がっていくから、市場で買えるものはどんどん少なくなっていく。つまり、生活感覚としては貧乏になっていく。

この収入減を解決するには、一つには収入そのものを増やすことだ。つまり農業生産性を向上させる。しかし、これには一定の限界があるから、武士も農民も発展する市場経済に追いつけない。つまり、「生活難に苦しむ」ということになる。

あと、もう一つの――そして安直な――解決策は、商人からカネを借りることである。農民は借金しようにも担保がないから無理だが、武士ならば将来の給与などを担保にすることもできる。

そこで急激に商品経済がさかんになり、町方の景気が大いによくなった元禄時代にはこぞって武家たちは商人から心ならずも借金をすることになった。幕府ができてから、一〇〇年も経たないうちに制度の欠陥が現われてきたことになる。

だが、それでもなんとか次の一〇〇年を越してこられたのは、農業生産を向上させる努力と同時に市場経済の発達を抑圧する政策を行なってきたからに他ならない。こうした「市場経済抑圧策」のことを江戸時代の歴史では「改革」と称する。

現代日本政治での「改革」は市場経済の発展を阻害する規制を撤廃することをもっぱら意味するが、江戸時代の「改革」とはそれとは正反対の方向にある。

三大改革とは何だったのか

この改革のうち、将軍の名前で行なわれたものを「三大改革」と言う。

一つは元禄時代直後に行なわれた、八代将軍の吉宗《よしむね》による「享保《きょうほう》の改革」、二つ目は十八世紀後半に行なわれた、十一代将軍の家斉《いえなり》の名の下に老中首座・松平定信《まつだいらさだのぶ》が行なった「寛政《かんせい》の改革」。そして、最後は十二代将軍・家慶《いえよし》の名により、老中首座・水野忠邦《みずのただくに》が実行した「天保《てんぽう》の改革」である。

最初の「享保の改革」ではさまざまな方策によって税収アップ、財政再建などを行なうとともにに、贅沢品などの販売禁止、商業の統制、米価の統制などをやったが、その直後に飢饉《ききん》が起きたこともあって、その成果は現われなかった。

次の寛政の改革は、老中首座・松平定信が享保の改革をふたたび行なおうとした。幕府の財政については徹底的な緊縮財政を行なって、大奥の費用も三分の一に切り詰め、疲弊した農村を立て直すことで収入を回復しようとした。さらにその土地にあった特産品の生産を奨励し、農家の現金収入を増やすという努力も行なっている。

一方、商業資本に対しても徹底的な弾圧に近いものを行なった。

具体的には物価の引き下げや米価の調整など、さらには金貸しであった札差への武士の借金については債務免除や利子の強制的な引き下げ、返済年数の繰り延べを行なうという介入策も行なった。この結果、幕府財政は一時的に好転したものの、町人たちからの不満があまりに強く、「こんなことならば田沼《たぬま》様の政治がよかった」という声が大きくなったので、松平定信は解任となった。

ちなみに、今でも悪いイメージがつきまとう田沼意次《おきつぐ》の政治は、いわゆる改革とは逆に商業資本（株仲間）を育成し、経済を発展させる目的を持っていたと言われるが、彼の急激な出世（父は紀州藩の足軽だった）をねたんでの、多数の根拠なき批判があったとされている。また、彼が行なったとされる政策の少なからぬ部分は他の老中の業績であったりする。しかし、享保の改革であまりに町民の商業経済が破壊されたことに、田沼時代が引き合いに出されたのは事実である。

「コメからゼニへ」のシフト・チェンジ

さて、このようにして、幕府は十九世紀に入るまで、二つの「改革」の他にもさまざまな財政建て直しを行なってきた。

しかし、しょせん「コメ経済」と「商品経済」の二つの経済が併存しているかぎり、その矛盾は解決できず、幕府や大名、武士たちの借金は膨れに膨れ上がって、もはや誰からも借りることができなくなったのが一八三〇年代の文政〜天保期であったと坂田吉雄は解く。

そこで各藩では、それぞれに内外の識者を起用して、財政再建を行なおうとした。その代表格は二宮尊徳《にのみやそんとく》（一七八七〜一八五六）である。彼は貧苦の中で生家を復興したのを認められ、まずは小田原藩の家老の財政建て直しに成功し、以来、主に北関東の各地で小藩や幕府の直轄領、日光の神領の建て直しを手がけた。

彼のやり方はまず生活を質素・倹約したうえで、その余剰金を皆で集めて「報徳金《ほうとくきん》」として運用すること、また貧農の中からでも出世できる仕組みを作るというものであった。

二宮尊徳は明治に入っても評価され、ついには修身の教科書にも伝記が載るようになったのだが、しかし、尊徳のやり方で財政再建ができたのは小さな藩や共同体であって、元禄以来、借金まみれになった幕府や大藩などは、この程度の努力では救済できない。もはや借金の利息は歳入とほぼ匹敵するほどになり、追加で借りようと思っても、どの商人も首を縦に振らない。

そこで行き詰まった幕藩体制は、ついに「コメ経済」から「商品経済」へと大きな舵を切る。コメ・ベースでの収益には限界があるので、各藩はかつて農家に生産・販売を奨励していた特産品をすべて専売制に変え、それをもって藩庫を充実させようとした。

第2章で、第二次長州征討のときに、長州藩には一〇〇万から一五〇万両が撫育局に蓄えられていたと記したが、このカネが作られたのもまさに一八三〇年代の財政改革の結果だった。このときの改革を担ったのは村田清風《むらたせいふう》という藩士であったが、彼は下関港に「越荷方」を開設しただけでなく、紙や蠟《ろう》といった特産品の専売体制を整えてもいる。彼が財政再建の仕事に着手したときには、藩主・毛利家の借金は一六〇万両にも達していた。とうてい、それは長州藩のコメ収入では返済できるものではなかった。

ただ、彼の思想は農本主義、つまり「コメ本位制」を維持するというのが本当のところであったので、彼の政策は商人、つまり金貸しから嫌われることとなった。中でも藩士の借金を整理するために出した「公内借三十七ヶ年皆済《こうないしゃくさんじゅうななかねんかいさい》の法《ほう》」が失脚のきっかけになった。

これは藩庁から借りた借金は棒引きにする、商人から借りた金は藩が肩代わりする。その代わり、藩は利子だけを商人に払うが、元金を返すのは三七年後であるという内容であった。

薩摩藩のように大名が借りた金を二五〇年払いにするという方式に比べたら、穏当な内容ではあるのだが、しかし、この法ではこの三七年間、公的にも私的にも借金をしてはならないということになっていたので、藩士たちの反撥《はんぱつ》も強く（コメ本位制はすでに機能しておらず、もはや借金なしで生活することは不可能だった）、また大坂や地元の金貸しからも反撥を招いて、結局、村田清風は失脚することになる。

そのような経緯はあったものの、この一八三〇年前後の改革で、長州藩がその経済体制を「コメからゼニへ」とシフトしたということは揺るがしがたい事実だった（村田清風の思想とは反対だが）。それは藩自らが商売に手を染めるということでもあった。

こうしたシフト・チェンジは程度の差はあれ、どこの藩でも行なわれることになった。といっても、長州藩や薩摩藩のようにそこで借金を上手に踏み倒し、専売制で儲けて、蓄えを作ることに成功した藩は数少なく、ようやく専売制で一息付けたという程度の藩のほうが多かった。

だが、こうした「コメからゼニへ」のシフトは「背に腹はかえられない」式の転換であって、表向きは武士道を唱えつつ、裏では金儲けに走るという矛盾がその後も続くことになる。これが原因で、その後、藩内で「改革派」と「保守派」が相争うという事態がどこでも起きるようになり、そうした震動がやがては幕末・維新の下地を作っていくことになるのである。

悪貨は良貨を駆逐する

ところで「天保の改革」といえば、幕府が行なった財政改革に触れないわけにはいかない。この改革が行なわれる直前の、一八三六年（天保七）、日本全土では未曾有《みぞう》の大飢饉が起きた。これによって米価が高騰して、商都・大坂ですら飢饉による餓死者が続出する。これを見て憤ったのが、元大坂町奉行与力で、著名な陽明学者《ようめいがくしゃ》でもあった大塩平八郎《おおしおへいはちろう》である。

陽明学とは中国の王陽明が始めた儒学の一学説だが、「知行合一《ちこうごういつ》」つまり、知識と行動の一致を説いた。要するに旧《ふる》くからの儒教の学説は現実と遊離していて、社会改革の何の役にも立たないという批判がそこにあるわけだが、大塩平八郎もこの「行動する儒学」の信奉者であった。しかるに、幕府はいつまで経っても貧民・棄民救済に動かないどころか、大坂のコメを翌年に予定されている新将軍宣下《せんげ》の儀式のために寄越せという命令を下し、大坂町奉行は唯々諾々としてそれに応じていた。また大坂の商人たちも、自分の商売を守ることばかりに汲々《きゅうきゅう》としていて、今日で言うチャリティ精神が見られなかった。

そこで大塩は自分の塾「洗心洞《せんしんどう》」に集《つど》う門弟や農民ら三〇〇人を率いて蜂起すると同時に、自邸に火を放ったので大坂の町の五分の一が焼けたとされる。大塩たちの軍勢は幕府勢の前にはひとたまりもなく四散し、逃げ延びた大塩父子も約四〇日後に探知され、自刃をする。

この乱そのものは小規模なものだったが、しかし、幕府の直轄地である大坂で起きた反乱に幕府関係者のショックは大きく、その後、大塩平八郎の遺志に追随する形で「天保の改革」が行なわれるわけである。

老中首座の水野忠邦はふたたび「コメ本位制」を復活すべく、商業資本への弾圧を行なう。具体的には幕府のみならず江戸市中にも風俗粛正、奢侈《しゃし》禁止を言い渡して華美な祭や着物などはことごとく禁止される。また、物価高騰は商人たちの陰謀によるものと見なして、株仲間を解散したり、小売価格の統制などを行なった。また旗本や御家人向けに返済免除や低利貸付などを行なった。さらに彼は幕府の資産を増やすために、貨幣の改鋳を行なった。つまり、これまでの貨幣を鋳つぶして、それに混ぜ物をして、新しい貨幣を造った。そうすると以前の貨幣総額よりも大きくなるという皮算用だが、世間はそんな小手先のテクニックはとうに見通しているので、新しい貨幣の実質価値は額面よりもずっと下がってしまう。「悪貨は良貨を駆逐する」である。

そんな水野忠邦が失脚したのは江戸や大坂周辺の私領地を幕府領に切り替えて、コメ収入の足しにするという施策を打ち出したせいだったと言われる。大坂周辺は紀州徳川家の領地が多い。そこで横やりが入ったのをきっかけに、反水野派が決起して、将軍・家慶の信頼を失った忠邦は失脚するのである。「人面獣心」「古今の悪玉」とさえ言われた水野の役宅には老中罷免となった日、数千人の江戸の町民が押し寄せ投石に及んだとも言われる。

この後、幕府の御金蔵からはどんどん現金が失われ、第二次長州征伐のときには金蔵が空っぽになっていたのはすでに述べた通りである。

さて、ここまで幕府や長州藩、薩摩藩、それぞれの「天保の改革」を見てきたわけだが、それぞれの「改革」のアプローチは違えども、「コメ本位主義」で進めたところは失敗に終わり、「ゼニ本位主義」、つまり商業主義に基づいた改革は成果を収めている。

コメ本位制の限界と武士道

さて、このようにして天保時代、つまり一八三〇年前後をもって「コメ本位主義」、つまり幕藩体制は大きな壁にぶつかった。これを根本的に解消するには、いわば「ゼニ本位主義」にシフトする、つまり幕府や諸藩の収入源をコメから、現金による納税にシフトしなくてはならない。

事実、現金収入のある藩はそれなりに財政再建に成功しているわけで、ちゃんと現実を正視できる人ならば、コメ本位制にこそ問題があると分かったのではないか。

だが、そうした「冷静な観察」を阻むものがあった。それが「武士道」である。

すでに述べたように武士道は商人道とは相容れない倫理体系である。それは商人道においては当然のものとして捉えられている「ゼニ」の存在を、武士道が認めないことにも現われている。

武士は自分の主人にこそ忠誠を誓うべきであるが、商人はたとえ初めての客であっても「客は客」として大切に扱う。これだけでも武士から見たら「カネさえあれば誰にでも尻尾《しっぽ》を振る商人は不謹慎きわまりない」となる。武士から見れば、商人とはゼニに魂を売った輩《ともがら》である。

したがって、そのような忌まわしいゼニを触るのも汚らわしく、不吉なことであると武士は考える。実際には、そのゼニに困って、商人から借金をしているという大矛盾があるものだから、ますます武士はゼニや商人を憎み、軽蔑する。

ところが、その武士にとって何よりも大事であるはずの主君自らが「商売」を始めてしまったとしたら……そこで生まれるのは怒りや絶望を通りこした、虚無感ではなかろうか。世間並みの贅沢には目もくれず、まっすぐ真正面を向いて歩いている自分こそが偉いと思っていたら、算盤《そろばん》勘定に強く、ゼニを支払ってくれるのであれば、揉み手摺り手《もでおすりで》で町人と接するようなやつのほうが、お家のためになると褒められる世の中になってしまったのだ。それこそ天と地がひっくり返るような思いであろう。

アノミーとは何か

社会学では、それまで社会を支えてきた道徳規範が崩壊し、消滅したために起きる混沌《こんとん》とした状況のことを「アノミー」と呼ぶ。アノミーとは要するに社会の精神的支柱がなくなることを言う。アノミーという言葉を一般に広めたのはデュルケム（一八五八〜一九一七）というフランスの学者で、デュルケムはアノミーが生じると社会に自殺者が増えることを発見した。

私なりに言い換えると、人間とは社会的動物である。人は一人では生きられず、他者とのつながりによって初めて心身ともに安心を得る。そして、その「つながり」の基本をなすのがモラルだ。他人と同じモラルを共有しているがゆえに、私たちは会話ができ、価値観が共有できる。したがって、その共有するモラルを喪失してしまえば、人は孤独に陥り、中には自殺に踏み切ってしまう者さえ現われる。

このアノミー概念をひじょうに重視したのが小室直樹《こむろなおき》先生だ。

小室直樹先生の思い出を書き始めたらキリがないが、私は『痛快!憲法学』（のち『日本人のための憲法原論』に改題）『日本人のためのイスラム原論』『日本国憲法の問題点』の三冊を集英社インターナショナルで担当することを通じて、「小室学」の基本をたたき込まれた。

小室先生は現代の日本社会の病理は一九四五年の敗戦がもたらした「急性アノミー」にその原因があると、繰り返し繰り返し、指摘されていた。

一九四五年の敗戦によって、日本は単に戦争に敗れただけではない。国土が灰燼《かいじん》に帰し、たくさんの戦死者、犠牲者を産み出しただけにとどまらないダメージを受けた。それが「モラルの崩壊」であった。具体的には「天皇教」の消滅である。

江戸幕府が倒れ、明治維新が起きて日本が近代国家になったとき、当時の元勲たちが日本国統合の原理としたのが、小室先生呼ぶところの「天皇教」であった。

天皇教の終焉が、戦後日本の迷走を招いた

明治維新の後、日本が近代国家になるにあたって最大の貢献をなしたのは、なんといっても伊藤博文であろう。伊藤博文は、政党政治を興《おこ》し、憲法を起草したことで日本が西洋近代国家の一員となる道を拓いたわけだが、その道はけっしてなめらかなものではなかった。

幕末維新の時期に西欧を見聞した日本人は多々いたわけだが、そこで単に西洋の近代科学や技

術などに目を奪われることなく、その本質まで洞察をしたのは限られた人間のみであった。

その中の一人が伊藤博文であった。

近代ヨーロッパ社会の根底をなすモラルがキリスト教（それもカルヴァニズムに代表されるプロテスタンティズム）であることを見抜いた伊藤博文は、近代日本を作るにあたって単に制度や技術のみを輸入しても意味がないことを悟った。

近代ヨーロッパ社会が花開いたのは、キリスト教という肥沃な土壌があったればこそ。だとすれば、その土壌を用意せずに、美しいバラを植えたとしてもその花はたちまちに枯れてしまうだろうと伊藤は考えた。

かといって、日本人をこれからキリスト教に改宗させるわけにもいかない。また、武士道や儒教をそこで持ち出すのでは、何のために徳川幕府を倒したのか分からない。

だが、幸いにして日本には天皇がある。万世一系の皇室がある。

ならば、この天皇を「神」とすることによって、日本は西欧近代文明を摂取できるのではないか――伊藤博文の、この洞察は今から見ても恐るべきものである。

長州藩の下級武士でありながら、幕末にイギリスに留学したとはいえ、それもわずか一年間でしかない。帰国後はつねに新政府の中で忙しく働いていたから、西洋流の高等教育など正式に受けたこともない（それでも彼は地道に英語の家庭教師を雇って、勉強はしていたらしいが）。

　また憲法制定のために欧州で研究旅行を行なったが、それもまた限られた時間でしかなかった。有能な伊藤を長く海外に置いておけるほど、新政府にはゆとりはなかった。

　そんな男がわずかな時間の中で西洋社会の本質を見抜いたばかりか、それに代わるものとして天皇を「発見」した。

　それまで日本の多くの人間、ことに庶民は新政府の頂点に「天皇様」「天朝《てんちょう》様」と呼ばれる人がいることは知っていたが、その人の姿を見たこともなく、その人がなぜ偉いのかもはっきりとは分かっていなかった。明治維新は王政復古であると言われても、普通の人たちにはその意味は理解されていなかったのである。

　つまり、とてもその時代においては天皇は「日本国民統合の象徴」などという存在ではなかった。ましてや、人間とは隔絶した、現人神であるとは思っていなかった。

　そこで、伊藤博文は憲法制定とほぼ同時に「教育勅語《きょういくちょくご》」を発布した。国民道徳の基本に天皇と皇室があることを強調して、国民に唱和させた。ことに学校教育においてはそれを徹底した。明治憲法の条文を知らぬ国民はいても、教育勅語を暗唱できない国民はいなかった。まさに教育勅語こそが戦前の「天皇教」におけるバイブルであったわけである。

伊藤の目論見《もくろみ》は見事に成功したのは言うまでもない。「すべての国民は天皇の赤子《せきし》（子ども）であり、平等である」（一視同仁《いっしどうじん》）、「天皇を戴いているかぎり、日本の繁栄は未来永劫にわたって約束されている」（天壌無窮《てんじょうむきゅう》）というイデオロギーが浸透した結果、日本は非キリスト教国として最初の近代国家となった。

ところが、その天皇教は一九四五年の敗戦によって、完全に解体されることになる。翌四六年一月、昭和天皇は「人間宣言」を行なって、自ら天皇教を放棄した。

「ここにおいて、日本の急性アノミーが始まった」と小室先生は説いた。

社会を支えていた根本的なモラルが失われてしまえば、社会そのものが解体していく。以来、日本は何の哲学もモラルもなく、単に経済的繁栄だけを追い求めるゾンビ国家になってしまった。このままでは日本はいずれ滅びる。日本列島はあっても、日本からは「社会的紐帯《ちゅうたい》」（むすびつき）が失われ、人々は明日の希望を見失ってしまうであろう――。

家庭崩壊、地域コミュニティの崩壊、ネット社会におけるヘイト言説など、小室先生の予言が的中したことは、今となっては誰の目にも明らかであるが、小室先生がご存命のころにはその意味が分かっていた人たちはごく一部であったと言えよう。小室先生は宗教的な意味の預言者ではないが、社会科学を通じて、日本の行く末をすでに見通しておられたのである。

第6章　薩摩藩はなぜテロリスト集団になりえたのか

吉田松陰

武士階級のモラル崩壊

さて、ここでなぜアノミーの説明をしたかというと、まさに一八三〇年代の幕藩体制ではアノミーが生じたという仮説を述べたかったからに他ならない。

すなわち、本来ならば武士道で運営されるべき幕藩体制が、商人道に降伏したのがまさにこの時代であったと言えるからである。

といっても、皆が皆、商人道に乗り換えたというわけではない。むしろ武士道を信じながらも、武士の社会に商人道が侵入していくのを切歯扼腕《せっしやくわん》していた者のほうが多かったのではあるまいか。だが、事実として幕藩体制はもはやコメ本位制では成り立たない。たとえ「改革」という名の反動政治を行なったとしても、それは商人たちの反感を買うだけであり、事実としてコメ本位制では藩の経営は不可能なのである。

ここにおいて、徳川幕藩体制を支えていたモラル、武士階級を支えていたモラルとしての武士道は完全に骨抜きになってしまった。すなわちアノミーの発生である。

それから三十数年後、徳川幕府はあっけなく倒れてしまうことになるが、その下地はすでにここに生まれていたのである。武士社会をつなぎとめていた絆としてのモラルがなくなれば、あとは「大樹《たいじゅ》」と呼ばれた徳川幕府も根腐れして、ゆっくりと倒れていくしかないのである。

教科書では倒幕のきっかけとなったのはペリーの来航（一八五三年）とそれに続く開国であったと説明される。それはそれで間違いはない。だが、外国からの通商要求はそれ以前にもなかったわけではなく、そのときは幕府も諸藩も異国船打払令《いこくせんうちはらいれい》（一八二五年）などにしたがって、それらに毅然と対処をしていた。

だが、ペリーの来航ではそれ以前とは違う「現象」が起きるようになった。それが脱藩である。

なぜ吉田松陰は今でも仰がれているのか

ご承知のとおり、幕末にはたくさんの志士たちが脱藩して、京都や江戸で尊皇攘夷の活動するようになるわけだが、それまでは武士が脱藩することなど、ほとんど考えられなかった。

武士はどこまでも主人あっての存在である。仕えるべき主人があるからこそ、忠義というモラルが成立する。主人を捨てた武士は武士ではないと言っても過言ではない。言ってみれば、それは武士の抜け殻のようなものであるし、さらに言えば、野良犬のようなものである。つまり、一人前の武士であるとは見なされなかった。

もちろん主君のほうでも勝手に藩を脱《ぬ》けた人間を許さず、そうした人間が出た家は廃絶となり、本人も捕まれば死罪となったわけで、それだけ脱藩とは「ありえない選択」であった。

だが、そんな脱藩が幕末になると当たり前のようになる。

と言っても、こうした脱藩した人々はけっして武士であることを捨てたわけではない。むしろ、武士道の本質を忘れて堕落してしまった藩を見限って、「本当の武士道」を貫こうとしたと言える（彼らの考える「本当の武士道」とは何であったのかは一考の余地がある。それまでの主君は「ニセの主君」であると考え、天皇こそが本当の主君であると考えた人たちもいるだろうし、「君に忠」という前提抜きの武士道を目指した人もあったであろう）。

吉田松陰が今日でもなお尊敬を集めている理由の一つは、同時代において「藩を捨てる」という選択を自らした、ほぼ最初の人だったからである。

彼はそれを称して「草莽崛起《そうもうくっき》」と言った。武士という既成の身分を捨てて、草莽、つまり在野の、一人の人間として立ち上がる――幕藩体制はすでにアノミーを起こして、壊乱しかかっている。その中で新しい武士道のあり方を提唱したからこそ、早世しても松陰は後世に大きな影響を残した。なぜ、松陰を同時代の人々があれほどまでに憧憬したかを考える場合、もちろん松陰という人自体が持っていた魅力、松下村塾という学びの場の魅力は大きいだろうが、しかし、それ以上に大きかったのは彼の「行動」、すなわち脱藩ではなかったかと思うのである。

つまり、それまでの「武士道」観念では、絶対に許されるはずのない脱藩の意味を一八〇度転回して、むしろ全肯定してみせた、その松陰の姿を追って、以後、脱藩浪士が次々と現われるようになり、それが京都や江戸で活躍したことによって、大樹が揺らぐようになったのではあるまいか。

危殆に瀕した武士道

だが、断わっておくが、その当時の武士がみな「新しい武士道」を選択したわけではない。圧倒的多数の武士は天と地がひっくり返るような時代の流れに足を踏み出すことなく、とにかくお役大事と与えられた仕事をこなしていったのである。

もちろん、いよいよ戊辰戦争ともなれば、そのようなことは言ってはおられず、自分の藩を守るため、あるいは幕藩体制を維持するため、またあるいは幕藩体制を倒すために戦場に駆り出されていった。その中には、いくたの非業の死があり、逆に、武士の本懐とも言える死を遂げた人もあったろう。

だが、全体として見たとき、すでに「武士道」精神は危殆《きたい》に瀕していたと言ってもいいだろう。

その理由は言うまでもない、一八三〇年代に起きた「藩の商業化」であり、そこで起きたアノミー状況であった。本来、交わってはならないはずの武士道と商人道が交わってしまった。これによって武士道は「最悪のモラル」へと転化したのだ。

「御一新」が起き、新政府が生まれてからの展開を見れば、それが間違いでなかったことが明々白々になる。

それが「秩禄処分《ちつろくしょぶん》」（一八七六年）を巡る騒動だ。明治初年に新政府は版籍奉還《はんせきほうかん》を断行した。この頃の明治政府が目指していたのは、簡単に言えば「大宝律令《たいほうりつりょう》」時代への復帰であった。

大宝律令の発布（七〇一年）によって、それまでは「倭国」と言われていたものが「日本国」となった。

すなわち、従来のように豪族たちの緩《ゆる》い集合体であったものを、天皇中心の政体へと変革する。それはつまり、当時の東アジア世界において圧倒的なプレゼンスを持っていた唐に対抗するため、今日で言うところの「主権国家」となる。つまり、国家として対等の存在になるということだ。もちろん唐と日本とではその国力において比較にもならないわけだが、しかし、理念としては、日本は唐の属国（朝貢国）ではなく、独立国であろうとし、その決意を内外に宣明するために大宝律令が定められたと言っていい。

唐と対等たる独立国になるために、その唐から制度を輸入するのは自己矛盾していないかと思う人もあろう。

しかし、この時代において、日本が知りうる最も優れた、そして最も文明的な統治システムは唐の制度しかない。他に選択の余地はないのである。もちろん、日本にそのまま唐の制度を持ち込むのはさまざまな不都合があったので、そのあたりは適当に換骨奪胎《かんこつだったい》した。

そうして生まれたのが大宝律令であったわけだが、この律令制の最も重要な柱の一つが「公地公民」であった。日本の支配地域のすべての土地と人民は天皇のものであるとする公地公民制は、大化の改新を起源とし、それがそのまま律令制度の中に組み込まれた（現在では異説もあるが、ここでは明治新政府の面々がそのように歴史を理解していた、ということが大事なので、それには触れない）。

それまでは諸豪族が勝手に自己の領地を広げ、またそこで働くための人民を自分の所有物のように扱っていた。皇室はそうした豪族たちが祀りあげた、一種の御神輿《おみこし》にすぎなかったわけである。

それを大化の改新と、それに続く大宝律令は、すべては国家のもの、すなわち皇室のものであると宣言した。ここに天皇中心の「日本」という国が生まれた。

もちろん、この「日本」という国の理念はあっという間に蚕食《さんしょく》され、豪族たちはみな勝手に新田開発などを行なって、自前の領土を広げていった。それを止め得なかったのは、一つには天皇直属の軍が存在しなかったからなのだが、日本が皇室中心の国であったのは、ほんの短い期間にしか過ぎなかった。

なぜ明治維新において廃藩置県は不可避だったのか

だが、明治新政府が大化の改新、あるいは大宝律令の、天皇中心の時代に戻るという大義を掲げた以上、この「公地公民」への復帰は避けて通れない課題であったし、実際のところ、旧来の藩がそのまま自治を続けていくというのでは強固な中央集権国家は作れない。

そこで大久保利通や木戸孝允《きどたかよし》たちは「版籍奉還」、すなわち徳川家を含むすべての大名から領地、および人民（つまりは田畑を耕す百姓）を取り返すという政策を断行した。大名から領地・領民を取り返すということは、すなわち彼らの収入源を奪うということでもあるから、それには大きな抵抗も予想された。そこでいわゆる薩長土肥の四藩がまず版籍を奉還するというデモンストレーションを行なった。これを見た諸藩は慌てて、「右に倣《なら》え」で版籍を奉還した。これが明治二年から三年（一八六九〜七〇）のことである。

だが、この版籍奉還はあくまでも名目で、その後も各藩の領主の多くは「知藩事《ちはんじ》」となって、それぞれの旧領に対して支配権を行使することができたから、本当の意味での公地公民とは言えない。

そこで、新政府はさらに一歩を進めることにした。それが明治四年（一八七一）の廃藩置県である。

ここにおいて、旧来の藩主の地位、特権はすべて奪われ、日本全土の土地は直接、新政府によって管理されることになる。版籍奉還はスムーズに行ったが、廃藩置県は相当な抵抗が予想された。そこで西郷たちが考えたのは、薩長土の三藩が、今度は自前の兵を「御親兵《ごしんぺい》」として政府に差し出すということだった。

大化の改新、大宝律令が最終的に失敗したのは天皇直属の軍がなかったからだと先ほど記したが、今度の廃藩置県は違う。明治維新を成し遂げるにあたって最も貢献があったとされた三藩の軍隊が天皇の指揮下にあるとなれば、版籍奉還に不服だった藩もあえて抵抗しまいという策略で、これが見事に当たったのは言うまでもない。

さて、話が長くなったが、こうして明治維新によって「理念としては」、公地公民に戻った。つまり日本列島はすべて天皇のものであり、日本国民はすべて天皇のもの（後には「天皇の赤子」という言い方になった）となった。日本は一二〇〇年の前の姿に戻った、すなわち王政復古を成し遂げたというわけである。

「武士の商法」の意味するもの

だが、この「復古」によって大きな被害を受けたのは言うまでもない、武士たちである。藩から禄という形で給与を与えられていた彼らは藩の消滅によって、主たる収入がなくなってしまった。

そこで新政府はこうした士族たちの救済策として「秩禄処分」を実施する。つまり、それまで武士たちが与えられていた禄の代わりに、わずかな利子しかつかない、期限付きの公債や現金を与えるということになった（これはかつての大名――明治に入っては華族――も同様であった）。

この秩禄処分によって現金や公債を与えられた武士たちはどうしたか。版籍奉還、廃藩置県によって主君とのつながりを断ち切られたわけだから、忠義こそが最高のモラルであると教えられた彼らは茫然自失《ぼうぜんじしつ》となった――と思いきや、そうではなかった。

何と、彼らの多くは武士から商人へと鞍替えしたのである。

何度も繰り返すが武士道と商人道とは、本来ならば絶対に交差しない平行線のような関係である。武士道においては、あらゆる利得を超えて主君に忠誠を誓うのが最も重要なモラルとされていたが、商人道においては利益を追うのは当然のこと。

と言っても、利を追うためには、追《お》い剥《は》ぎやかっぱらいのような、相手を裏切る行為はあってはならない。なぜならば、それでは一攫千金《いっかくせんきん》の富を得ることはできても、商人にとって最も大事な「信用」は得られない。相手からの信用を得てこそ、商人は長期間にわたって取引を続けることができる。よって商人道における最大の価値は、信用となる。信用とは嘘をつかないこと、正直であること、相手を喜ばせることとである。一方、どんな暗愚の君であろうとも、主君を守るためならば、たとえ幕府の目付から糺されても嘘を突き通すのが武士道なのだから、武士にとって正直という徳は二の次、三の次となる。つまり、道徳の優先順位が違う。

このような商人の生き方に対して、武士はどのように思っていたか。それは言うまでもない。目先の利を漁《あさ》り、誰を見てもへいこらと頭を下げ、手をすりあわせる情けない連中であると軽侮していた……はずであった。

ところが、秩禄処分が行なわれて、安定したサラリーを失った武士たちは、新政府から交付された現金や公債を元手に、あろうことか商売を始めたのである。もちろん「武士の商法」であるから、それらの試みはほとんど失敗に終わったと伝えられているが、しかし、武士ともあろうものが、なぜ最も忌み嫌ったはずの商売に手を染めたのか。

まさにこれがアノミーである。

本来、武士の社会では商人は農民や職人よりも下に見られていた。人に金を貸すだけで儲ける、つまり利息を取るという行為は江戸時代の日本だけでなく、たとえば中世のヨーロッパでも忌むべき行為だと思われていた（その象徴が『ベニスの商人』である）。

徳川幕府においても、景気が悪くなればその原因はすべて豪商たちが利を貪《むさぼ》り、贅沢をするからだと、何の根拠もなく決めつけて（経済学のない時代であったとはいえ）、彼らから財産を没収したり、あるいは商活動を制限したりするなどといった「改革」が行なわれたのは有名な話だ。商人は幕藩体制に巣くう寄生虫のようなものであるというのが武士たちの多くに共通したまなざしであった（その寄生虫から、カネを借りねばならないというのも、さらに彼らの恨みをかきたてることになった）。

こうした武士道精神からすれば、いかに藩がなくなり、俸禄も受けられなくなったとはいえ、商人に「身を落とす」ことなど考えられないはずである。武士の中には、銭に手を触れること自体、穢《けが》らわしいと思っていた人もあったというほどだ。

だが、実際はそうはならなかった。「食うためならば」と慣れぬ算盤勘定をして、商いの道に入った者が少なくはなかったのである。

これこそモラルの崩壊と言わずして、何と言おう。この「武家の商法」の流行は、まさしくこの時代の士族たちが、自ら拠って立つ規範を失っていたことの証《あか》しに他ならない（だからこそ、伊藤博文は新しい規範としての「天皇教」を打ち立てる必要があったのだ）。

薩摩藩はかくして「成功したテロリスト集団」となった

さて、話が大変な回り道になってしまったことをお詫びしたい。

そもそもは、なぜ薩摩藩が藩を挙げて、贋金作りに精を出したのかというのが、この話の発端だった。

筆者はこれまで、一八三〇年代から武士道の精神そのものが抜け殻になっていきつつあったということを述べてきた。それと薩摩藩の贋金作りを結びつけるのはひじょうに簡単である。

要するに、薩摩藩は武士道のまったく本質的なところを失って、ただの「金儲け集団」になったという決めつけである。

たしかに、薩摩藩がペリー来航、長州征討の失敗に象徴される幕藩体制の大混乱の中、言ってみれば火事場泥棒のように、贋金を作っていたのは事実である。

だが、彼らの目的はあくまでも倒幕にあって、そのための軍資金を作り出すことにあった。これは単に武士道が商人道と混淆《こんこう》して、アノミーを起こしていたというレベルではない。むしろ、彼らのやっていることは、いわゆる「確信犯」としての贋金作りだ。テロリストが秘密のアジトで爆弾を作るのと、ほとんど変わらない種類のことを薩摩はやってのけたのだ。

しかも、彼らの「テロ」は見事に成功した。

薩摩は自国の軍備を十分、増強しただけでなく、同盟を組んだ長州にも武器や戦艦の購入を斡旋し――いや、その実態はほとんど武器供与であっただろう。長州の金蔵にはほとんどカネがなかったのだから――、薩長連合は幕府に十分に対抗できるほどにもなった。もちろん、他の藩で薩長に対抗できるところなど、あるはずもない。

そこに来て、将軍・家茂は第二次長州征討の途上、大坂城で病に倒れ、そのまま逝去した。享年二十一（慶応二年七月）。

家茂は死に際して、次期将軍として田安亀之助《たやすかめのすけ》（後の徳川家達《いえさと》）を指名するが、このとき、亀之助はわずか四歳であったので、とても征討軍を率いることなど不可能であった。そこで一橋慶喜を次期将軍にという話になったが、慶喜は「徳川宗家を継ぐのはやむをえないが、将軍職は固辞する」というので、幕府首脳は青くなった。

ここにおいて、薩長は幕府を倒すチャンスを得た。長州征討のために幕府の首脳は大坂城にいて、江戸城はほぼガラ空きである。しかも幕府の征討軍は途中で引き返してしまっているので、長州はいつでも大坂方面に進出できる。

「鳥羽一発の砲声は百万の味方を得たるよりも嬉しかりし」

だが、ここに来て思わぬことが起きた。一つは、あれほど固辞していた将軍職に慶喜が就任したこと。もう一つは、孝明天皇が天然痘にかかって急死したことである（享年三十六）。

この二つの出来事で、それまで勢いに乗っていた薩長勢は急に分が悪くなった。慶喜は精力的に幕政改革、軍事改革を行ない、フランス公使ロシュの協力も取り付けている。一方、孝明天皇の後を継いだのはまだ十四歳の明治天皇であり、その信念も分からない。

かくして薩長は、まだ幕府の改革が実を結ばないうちに決戦を挑むしかないというところに追い込まれた。だが、幕府に対して挙兵を行なうからには大義名分がなければいけないし、かりに幕府と戦って敗れた場合には天皇を連れて西国に脱出して、そこで再び態勢を整えるという方策を採らなければならない。「玉《ぎょく》」（天皇のことを薩長はこう呼んだ）を幕府に奪われては、もはや大義はなくなるからである。

そこで薩長はさまざまな苦労をしてようやく「討幕の密勅」を手に入れる。それが慶応三年十月十四日のことだったのだが、なんとその日に慶喜が大政奉還をする。これで薩長の倒幕計画は無用のものとなり、十二月九日に王政復古が成立する。

だが、もちろんこれで話が収まるわけではない。

薩長は、大政奉還したとはいえ、慶喜がこのままおとなしくしているとは思えない。徳川幕府はなくなったが、まだ徳川慶喜は宮中において内大臣という高い地位を持ち、しかも、八〇〇万石とも言われる領地を持っている。そこで薩長は幕府を挑発するために、辞官納地《じかんのうち》を要求した。内大臣の地位も、八〇〇万石の領地も返上せよというわけである。

この策が当たって、江戸から大挙、怒った旗本たちが上京し、また幕府のために京都を守ってきた会津藩、桑名藩も加わって、ついに戦端が開かれる。

このとき、西郷隆盛は、

「鳥羽一発の砲声は百万の味方を得たるよりも嬉しかりし」

と語ったとされているが、もし、ここで「一発の砲声」も起きなければ、つまり、旧幕軍が挑発に乗ってくれなければ、薩長連合は宮廷政治において慶喜の後塵を拝することになり、他の雄藩たちも望んでいた連合政権が成立していたであろう。まさに、西郷たちの「作戦勝ち」であったというわけだ。

明けて慶応四年一月六日、幕府軍は潰走《かいそう》し、鳥羽伏見の戦いは薩長側の勝利となった。ここに晴れて、薩長の望む「新時代」が訪れたというわけである。

なぜ薩摩藩は「犯罪者」となりえたのか

さて、ここまで第二次長州征討から新政府誕生までの流れを簡単に述べてきたわけであるが、薩摩は久光が国父になったころから、いや、もっと遡れば、斉彬が藩主になって以来、贋金作りに邁進してきた。贋金作りは、藩を挙げての大事業であった。

だが、これは武士道が商人道に屈したと言えるだろうか？

もちろん、そうではない。

他の藩においては一八三〇年前後、積極的に藩がビジネスに乗り出すことによって財政再建をしようと方針転換を図った。これは言ってみれば、藩が商人たちの領域にまで侵出して歳入の不足を補填しようとしたということである。

だが、薩摩藩は違う。薩摩はビジネスよりも「犯罪」によって、藩の近代化、藩の武装強化を成し遂げようとした。ここには「商人的センス」はまったく関係ない。

江戸時代、全国にはおよそ二五〇以上の藩があったとされるが、しかし、このようなことを企み、かつ実践した藩は薩摩藩をおいて他にない。しかも、普通ならば、贋金作りのような犯罪的行為をやっていれば、藩の中に「正義派」「正論派」などというグループが現われて御家騒動のようなことが起きるのだが、それもほとんどない。まさしく挙国一致で贋金作りにいそしんだという印象である。

いったい、これはどういったことなのだろうか。なぜ薩摩藩はかくもやすやすと、このような犯罪を行なえたのか。

その謎を解くために、そもそも薩摩藩とはいったい何だったのか、を考えていきたいと思う。


文中に書ききれなかったが、『市場の倫理　統治の倫理』を教えていただいたのは、社会心理学者の故・山岸俊男先生だった。山岸先生は惜しくも二〇一八年に急逝なさった。ここに学恩に深く感謝申し上げたい。なお、私が山岸先生と作らせていただいた本に『日本の「安心」はなぜ、消えたのか』（二〇〇八年）、『きずなと思いやりが日本をダメにする』（二〇一七年、長谷川眞理子共著）がある。

第7章　他国にあって薩摩にない「二つのもの」

島津義弘

今も残る男尊女卑の気風

私事で恐縮だが、筆者はかつて鹿児島に六年間居住したことがある。同地にあるラ・サール学園というミッション・スクールに学んだためである。

本部はローマにあるラ・サール会はダイレクトに布教するというよりも、世界中で学校教育を行なうというミッションの下に活動している。全世界で一三〇〇校以上の学校を経営している。日本には鹿児島と函館に学校があり、そのほかに仙台に児童養護施設のラ・サール・ホームを運営している。

実家は福岡にあったので、鹿児島では下宿や寮に暮らした。ちなみにラ・サールは全寮制の学校であるとよく誤解されているが、そうではなく、私の通っていたころは自宅からの通学生が半数はいたし、学校の近くに、賄《まかな》い付きの下宿住まいの生徒もいる。筆者は三年間、寮生活で、三年間を下宿で暮らした。

この六年の鹿児島暮らしで驚いたことはいくらでもある。一番驚いたのはその強烈な男尊女卑ぶりで、一家の主と長男（跡継ぎ）にだけ食事で一品多いくらいならば、まあ、これはどこにでもある話だが「女の入ったお湯には男は入れぬ」と言って、夜の会合から遅く帰ってきた亭主が妻を叩き起こして、風呂の湯を全部抜かせて、一から風呂を入れ直させたりするのには恐れ入った（今ではガス湯沸かし器があるから楽だが、昔はガス釜だったので焚きあがるのには時間がかかる）。

そんなことを博多でやろうならば、亭主のほうが家から叩き出される。博多のような商人の町では、男は威張ってはいても結局はかかあ天下で、財布はがっちり妻が握っているというのが通り相場で、だから同じ九州人といってもみながみな男尊女卑ではないし、ちゃんと調査したことはないが、おそらくここまで徹底した男尊女卑が通用するのは鹿児島くらいなものであろう（なぜ、鹿児島に男尊女卑がかくも残っているかは、おいおい明らかになっていくだろう）。

男女といえば筆者が鹿児島にいた一九七〇年代では中学生の男女交際ももちろん御法度《ごはっと》。日曜に外出する際でも学生服を着用、男子が女子と一緒に歩くのはたとえ従姉妹《いとこ》であっても補導の対象――と、生徒指導の教官から脅し上げられた。

毎月頭には鹿児島市の教育委員会からのプリントが中学校の教室の後ろに貼られ、その月に劇場公開されている映画のうち、中学生が観てよろしいもの、不可なるものが指示される。言うまでもないが、日本全国、劇場公開映画は映倫の検定があって、成人検定以外のものは中学生でも小学生でも観てよろしいというお墨付きがついていたはずなのだが、わが鹿児島市では東京の映倫などは最初から信頼していなかったし、生徒たちもそれで何の疑問も持たなかったのだから教育とは恐るべしである（高校生になれば、こうした統制もさすがに緩んだが、それでも「不純異性交遊」に対しては厳しい目が光っていた、と思う）。

さて、そんな鹿児島暮らしではあったが、順応性の高い筆者は「やっぱり鹿児島は武士の国だからなぁ」と納得して、それなりに楽しく暮らしていたわけだが、一つだけ釈然としないというか、面白くないと思っていたことがあった。

それは何かというと、せっかく異郷の地にいるにもかかわらず、ここ鹿児島には観光する場所、見物する場所があまりにも少ないのである。

鹿児島市内に限ってみても、観光客がかならず行くところといえば、せいぜい城山の西郷隆盛が自刃したという洞穴と、島津斉彬ゆかりの尚古集成館《しょうこしゅうせいかん》、それに付属した形の磯《いそ》庭園くらいなもので、あとはとんと観るべきものもない（ただし、食べ物や酒は実に美味しいことは保証する）。せいぜいフェリーで桜島に渡って溶岩が冷え固まった茫漠《ぼうばく》たる原野を観れば、一丁上がりである。さらに頑張って南に足を延ばしたところで、指宿《いぶすき》で砂風呂に入るか、池田湖で大ウナギを観るくらいで鹿児島観光は終わりとなる（そのころは知覧《ちらん》の特攻基地には興味がなかったが、これだって観れば一時間もかからない）。近年はNHKの大河ドラマ『西郷《せご》どん』で興味を持って鹿児島を訪れた観光客も多かっただろうが、きっとみんな時間を持てあましたと思う。

「ない」ことを手がかりに本質を探る

かくのごとく、鹿児島には観光名所らしい観光名所が「ない」。だが、その「ない」ことにこそ、実は鹿児島、薩摩の歴史の特異性があるのだと知ったのは今から十数年ほど前のこと。それも何と、ラ・サール時代の恩師の書いた著書が機縁であった。

その恩師とは鹿児島国際大学名誉教授の中村明蔵《なかむらあきぞう》先生で、その著書の名前は『薩摩民衆支配の構造――現代民衆意識の基層を探る』（二〇〇〇年、南方新社）。正直に告白するが、筆者の今回の本は、坂田吉雄の『明治維新史』と中村明蔵先生のこの著書がネタ元になっている。この二冊を読まなければ、薩摩の謎は解けなかったと思う。

著者の中村先生は筆者が中学一年生のときの担任であり、また高校卒業時の日本史の担任である。筆者にとってはいろいろあって、とにかく頭の上がらない先生のお一人なのだが、その当時から、古代の隼人《はやと》や熊襲《くまそ》についての一級の研究者であられることは知ってはいたが、教養のない筆者は古代史などには最初から興味がなく、だからずっと中村先生の御著書を読むことがなかった。

だが、あるとき、同級生から薦められてこの『薩摩民衆支配の構造』を読んで、目から鱗が何枚も落ちるほどの衝撃を受けた。そこには司馬遼太郎がまったく書かなかった薩摩の近現代史の

「実相」が「これでもか」というほどに記されていたからであった。

中村先生が書いておられる歴史的事実は、おそらくは鹿児島史や薩摩史の専門家ならば誰もが知っていたことかもしれないが、しかし、それは今までは書かれてこなかった物語（ヒストリー）である。なぜならば、それらを書くことによって、司馬遼太郎に代表されるような、「美しき薩摩」「勇ましき薩摩」の幻像がガラガラと崩れ落ちてしまうからである。はっきり言えば、そういう人たちからしてみれば、薩摩の実像が露わになれば「おまんまの食い上げ」になるからであろう。だから、たとえ知っていても言わない。いや、最初から見なかったことにする。そうしたほうが西郷隆盛や島津斉彬をはじめとする数々の偉人・名君を顕彰することにもつながるわけだし、郷土愛にもつながる。夢は夢のままにしておけ、というのが大人の知恵かもしれない。

だが、中村先生はそういう同調圧力に屈せずにこの本を書いた。書いた最大の理由は、ご自分が薩摩における「よそもん」だという感覚をいまだにどこかで抱えておられるからだ。

その一節をここで紹介したい。

「よそもん」、よそ者を排除しようという思考が、鹿児島には強くあったといわれてきたし、筆者にもいささかその体験がある。

小学生の時期に、いまの北九州市から鹿児島市内の学校へ転校し、卒業までにその後さらに二回転校したときの体験の一部が、いまもあざやかに思い出される。いままでいうカルチャーショックが強かったからである。同じ九州という島の北と南で、ことばが違う、ならわしが違う、料理のしかたが違うので、何かにつけてとまどった（前掲書）。

ちなみに文中にある「二回の転校体験」のあとに入学なさったのが、筆者の母校でもある鹿児島ラ・サール高校である。中村先生はラ・サール高校の最初の入学生で、卒業年次からすると第二期である（編入した二年生が第一期の卒業生）。

先生は鹿児島で暮らして半世紀以上にもなるはずなのだが、それでもどこかに「よそもん」としての感覚が残っている。鹿児島という土地柄の一端がそこにも現われていると思うが、「よそもん」だからこそ、既存の郷土史家たちが絶対に書かなかったたぐいの薩摩研究書をお出しになったのであろう。

さて、前置きが長くなったが、この本を読んで、なぜ鹿児島には観光名所があまりに少ないかの理由を筆者はようやく知ったのであった。

宗教の存在しない国

その第一の「ない」は、古くからの寺院が存在し「ない」ということである。

そこら中に寺院がある京都は別格としても、地方の観光名所にはかならず古刹《こさつ》・名刹《めいさつ》と呼ばれる寺院があって観光客を集めているものだ。寺院は単に宗教施設というだけではなく、近代以前においては文化の中心であり、そこには壮麗な障壁画《しょうへきが》や天井画が描かれていたり、また名匠の手による石庭《せきてい》があったりして、それを目当てに訪れる観光客も少なくない。近世の日本は地方文化が隆盛した時期でもあるから、地方に行って古い寺院を訪れればそこには何かしらの「見物」があるある。

ところが、鹿児島にはそうした古い寺院、由緒正しい寺院が一つもないのである。

その理由は幕末から明治初年にかけて徹底的に行なわれた廃仏毀釈《はいぶつきしゃく》にある。

神道を何よりも尊重する尊皇攘夷運動の高まりにともなって、それまでの神仏習合《しんぶつしゅうごう》を廃して、仏教寺院や仏像、経文を破却するという廃仏毀釈運動——言うなれば明治の「文化大革命」——は、明治の初期に全国を席巻《せっけん》した。その間に破壊された仏像、職を失った僧侶は数え切れないほどであったわけだが、およそ鹿児島ほど徹底的に行なわれたものはなかっただろう。

何しろ、この薩摩藩の領地において、破却を免れた寺院は一つとてなかった。しかも、そこでは藩主である島津家ゆかりの寺でさえ例外扱いされなかった。今でも鹿児島市内には島津家代々の墓所は残っているのだが、普通ならばその墓地を守る寺が、そこにはない。

薩摩島津家の菩提寺《ぼだいじ》である福昌寺《ふくしょうじ》（曹洞宗）は明治初年に破壊されてしまって、墓地だけが残っているというありさまである。かつて、福昌寺は大伽藍《だいがらん》を備えた、南九州でも屈指の大寺院であったそうだが、その跡地には住宅や学校が建てられていて、かつての大伽藍を偲《しの》ぶことができる史跡はまったくと言っていいほど存在しない。

ことほどさように鹿児島では寺院という寺院がことごとく壊された。もちろん今の鹿児島市内には寺院は存在するわけだが、それらは例外なく、維新以後に作られたものであるから、せいぜい一五〇年くらいの歴史しかないことになるし、また古代や中世以来の伝統を持つ寺院ならば広大な寺領を持っていたものだが、近代の寺院にはそうした領地はないから、みな規模が小さい。これでは観光客も寄りつくはずがない。

では、いったいなぜ鹿児島の廃仏毀釈は巨大台風のように吹き荒れたのか。その謎はおいおい明らかにしていくつもりなのであるが、答えだけを先に書いてしまえば、薩摩という国は本質的に「宗教」を必要としていない国家であったのだ。

もちろん江戸時代の薩摩領内には寺院もあったし、神社もあった。しかし、この国にとっての宗教はきわめて軽い存在であった。もっとも分かりやすい類比でいえば、後の共産国家における宗教と同じくらいの軽さである。

旧ソ連も中国も、はたまた北朝鮮もいずれも思想的には「宗教は阿片《あへん》」であるとする国であるが、そこにも形だけはキリスト教や仏教、北朝鮮ならば天道教の教団は存在する。あくまでも形式として。

それと同様に、薩摩にあった寺院も「あくまでも形式として」であった。

江戸時代の宗教政策というと「宗門改《しゅうもんあらため》」、つまり、民衆すべてをいずれかの仏教宗派に所属させ、具体的にはどこか特定の寺院の檀家として登録させるというシステムがあった。これは言うまでもなく隠れ切支丹《きりしたん》を摘発するためのものだったのだが、薩摩の場合、この宗門改をやっていたのは役人で、寺院はまったく関係なかった。

しかも、他の国ならば民衆はどこそこの寺院の信徒という記載をされていたものが、薩摩の宗門改では単に宗派だけが書かれていて、寺院の名前は書かれないという代物だったのだ。

これでは寺院のほうはたまったものではない。「葬式仏教」と揶揄《やゆ》されても、宗門改で檀那寺《だんなでら》が決まっていれば、葬式や法事はその寺でかならず挙げなくてはならないが、薩摩の場合、そうではないのだから、極端な話、葬儀は坊さんがいなくても挙げられるということにもなる。

実際にそのような葬儀が行なわれていたかは寡聞《かぶん》にして証拠を持たないが、とにかくこれが寺院軽視、いや寺院無視であることは間違いない。さらにそこに加えて薩摩では切支丹ばかりか一向宗《いっこうしゅう》、つまり浄土真宗さえも禁制とされていたので（理由は後述）、仏教はますます圧迫されていたわけである。

こんな状態であったから、薩摩が幕末に贋金を作るとき、その材料となる地金が足りないとなると、領内各地から寺の鐘や法器を供出させて、どんどん鋳つぶしていけたわけなのだ。いくら先立つものはカネといっても、信仰心が多少でもあればそこでは摩擦が起きるわけなのだが、特に抵抗も批判もなく、どんどん贋金が作れたというのも、これまた薩摩ならではのことだったと言えるだろう。

鹿児島の人たちが切り花を買う理由

歴史的に見れば、これほど仏教を弾圧した藩はなかったわけだが、面白いことに今の鹿児島は他県に比べても確実に信心深い土地であるといえる。

そのことを表わすのが「花卉《かき》の消費額」、つまり切り花の消費額だ。鹿児島市の一世帯あたりの切り花の消費額は年間一万二八一九円（二〇一一年調べ、日本全体では一万円弱）で、人口一〇万人あたりの生花店の数も鹿児島がダントツで日本一である。

鹿児島はけっして県民所得が高いわけではない。というより、一人当たりの県民所得では沖縄、鳥取などとならんで日本のワーストに入るほどで、むしろ最貧県の一つと言っていいほどなのに、なぜそんな中でこれほどまでに花を買っているのだろうか。花を買わなければいけない理由があるのだろうか。

その答えは「仏花」である。

私の友人の一人に鹿児島県で浄土真宗の寺に生まれた男がいるのだが、彼に聞くと鹿児島県の人たちの先祖供養の気持ちの篤さは他県の人には想像もつかないほどだ。都会では年に二回、春と秋のお彼岸に墓参りに行くくらいのものだが、この県では毎日、墓参りに行く人が珍しくないくらいで、中には日に朝と晩の二回、墓参りをする家もあるという。

それだけ墓参りをすれば、それだけ墓前のお花も買うことになるので、鹿児島では切り花の消費量が他県を圧して一番になるわけなのだが、いったい、なぜこの地の人たちはここまで墓参りに熱心なのだろうか。

その理由をものすごく意地悪に考えると、鹿児島では「ご近所様の目」という言葉が今でも生きているので、墓前の花が枯れていたりするとひじょうに世間体が悪い。だから、競争するように毎日、お墓参りに行くのだという解釈もできるわけだが、しかし、それだけの理由で一年三六五日、雨の日も晴れの日も墓参りをするというのは考えられない。やはり、それだけ鹿児島の人たちは先祖供養に熱心で信仰心に篤いということだと、ここは素直に解したい。切り花の消費額から見るかぎり、日本で最も信心深いのは鹿児島県人であるという定義もできるのではないだろうか。

切支丹と一向宗はご禁制

では、いったいなぜ鹿児島の人たちはこれほどまでに信心深いのか。ここまでお墓参りにこだわるのか。

その理由はやはり歴史を遡らないと分からないと筆者は考える。

実は江戸時代、薩摩藩では庶民の信仰は固く禁じられていた。なぜかというと、百姓一揆を防止するためである。中でもことに禁圧されていたのは浄土真宗、昔の言い方で言うならば一向宗である。

前に、幕末維新期の廃仏毀釈運動で、薩摩藩内の寺という寺は例外なく、すべて打ち壊されたと書いたが、このとき壊されたのはもっぱら武家の信仰する禅寺であり、そこには浄土真宗の寺は入っていなかった。というのも、そもそもこの地には長らく真宗の寺院がなかったので壊されようもなかったのだ。

言うまでもないが、真宗は禅宗と並んで、江戸時代の仏教の二大潮流である。その真宗の寺院が絶無であったとは、どういうことか。

薩摩でこのような宗教政策が本格的に行なわれるようになったのは江戸時代になってからの寛永期（十七世紀初頭）のことで、それ以前から薩摩藩内では一向宗は「禁教」となっていた。

このときに行なわれることになったのは「手札《てふだ》改め」と呼ばれるものだ。手札とは、薩摩藩が独自に出す、一種の身分証明書で、そこには各人の姓名や宗旨、年齢などが記されていて、原則、五年に一回、この証明書の切り替えが行なわれた。証明書を出すのは役人で、これがきちんとなければ藩内では入籍や婚姻、旅行もできない。

江戸時代、他の藩でも宗門改は行なわれていたが、宗門改は各寺院が行なっていたので不徹底なことも多く、人別帳に載らない、つまり今の言葉でいう「無戸籍」の人間もかなりいたわけだが、こと薩摩の場合は、それを寺院に任せるのではなく、役人が直接行なっているのだから、管理・統制は他の藩よりもずっと厳しかった。と同時に、役人が信仰を管理するというのだから、それだけ寺院の地位は低くなったとも言えるだろう。

それはさておき、いったいなぜ切支丹信仰とならんで、薩摩では一向宗信仰も禁じられることになったのだろう。

その直接の原因は言うまでもなく、「一向一揆」を起こさせないためである。

織田信長や豊臣秀吉、徳川家康がいかに一向一揆に手を焼いたかは今さら改めて述べるまでもあるまい。

「現在、ただ今」の生き方を問う禅宗とは異なり、死後の極楽浄土を信じる真宗門徒たちにとっては、いかに権力を持っていようと領主どもはしょせんこの世のあだ花であって、従うには及ばない。すべては信仰が最優先であるというわけだから、各地で強力な藩主に対する抵抗運動が起きた。

来世を信じるという点では真宗はキリスト教にも似ているが、しかし、キリスト教は「カエサルの物はカエサルに」という教えを打ち出して、この世のことについては世俗の支配者に任せるという「棲み分け」を行なった。だが、その点、真宗は現世での不合理さに対しても怒りを隠さないのである。

また、一向宗では信徒同士のつながりが強く、「講」という形でしばしば寄り合いが行なわれた。聖職者がいなくとも集まるという点では、ユダヤ教におけるシナゴーグ、イスラム教におけるモスクにも通じる信仰の形だが、そこで領主に対する不満が語り合われることも多くあり、講が反乱の発火点になることも多かった。

だから、どこの藩でも一向宗には警戒心を抱いていたわけだが、しかし、一向宗を禁教にまでしたのは天下広しといえども、薩摩藩と人吉藩《ひとよし》（熊本県南部）くらいしかない。

薩摩藩では先ほどの手札改め制度を作ったばかりではなく、十七世紀の半ばになると、宗教専門の取締機関として「宗体座」を設け、各地方に宗門方加役と言われる取締官を置いて、摘発に乗り出した。この結果、それが武士であろうとも一向宗と分かれば厳しく対処され、流罪や牢人、百姓に落とされるばかりか、時には殺されることもあったという。

また、お上に対して自首をしてきた者に対しては、「一向宗訴人」という役目を与えて、一向宗の信者の摘発をさせたりもしている。それはまさに切支丹弾圧のやり方と瓜二つである。

なぜ薩摩藩は宗教政策を改めなかったのか

だが、こうした禁制・禁圧が何度繰り返されても、一向宗の信仰の炎は消えなかった。これもまた「隠れ切支丹」にそっくりなのだが、土蔵の二階や山中の洞窟などに秘密の集会所が作られ、夜陰に乗じて念仏講が開かれたという。今でも知覧町など、何ヵ所かに「隠れ念仏」で使われたと伝えられる洞窟が残っている。また、漁村では洋上に出て、そこで念仏を唱えていたとも言われる。

こうした信徒の実態はもちろん本山にも伝えられていて、僧侶たちが決死の覚悟で領内に入ったり、また、信徒が領外に出かけていって本尊や経文のたぐいを譲り受けた例もあったそうだが、しかし、これだけ努力をしてもやはり情報が漏れたり、発覚すると一大事である。

以下は中村明蔵先生の『薩摩民衆支配の構造』からの引用である。

ひとたび一向宗信徒ではないかとの疑いをかけられると、厳しい取り調べと拷問が行われる。笞《むち》打ち・石抱きなどがその代表的例である。その結果、血判をして転宗を誓った者は胸代《むねがえ》(胸替)を受け、主として禅宗に転入することになる。しかし、一度烙印を押されると、一生前科者扱いを受け、先述の「一向宗訴人」の役などを課せられることになった。それ以上の重罪とみなされると、死罪・流罪・所移しや、先述の士籍召放・居屋敷没収などの種々の処分や刑罰が科せられることになる（一部表記を改めた）。

しかし、ここまでしてもやはり信仰の火は消せなかったというから、やはり鹿児島の人々の信仰心は並大抵のものではない。ある真宗僧侶の薩摩潜入記（天保元年の記録）によると、鹿児島城下のほとんど六割は一向宗の門徒であると記されている。多少は誇張されていたとしても、これだけの弾圧を受けてもなお、城下ですらたくさんの門徒がいたというのだ。

だが、逆にこれだけの事実を見ると、我々は疑問に思う。

なぜ薩摩藩はこうまでして、実効性に欠ける禁教政策を推し進めなくてはならなかったのか。どんなに努力をしても、一向宗の門徒がいなくならないのだったら、いっそのこと禁教をやめにして、公認したうえでコントロールしたほうが効率的だったのではないか――だが、薩摩にはその道を選ぶことはできなかった。

なぜならば、薩摩の社会体制はすべて臨戦態勢を大前提にして作られており、この禁教政策もまた臨戦態勢を維持するためには欠くことのできない大事な柱であったからなのだ。

なぜ鹿児島には「城」がないのか

鹿児島には江戸時代からの「寺院」がないと書いたが、鹿児島の観光名所の第二の「ない」は城である。

言うまでもなく鹿児島は薩摩藩の城下町であるわけだが、武士の魂、藩の誇りとでも言うべき立派な城はこの町には存在しない。

もちろん、藩主が暮らす場所、藩政の中心となる場所としての「城」はあった。現在、「城山」と呼ばれる地区がそこに当たり、「鶴丸城《つるまる》」とも呼ばれていたのだが、ここには江戸時代の城ならば付き物の、天守閣付きの城郭がない。それも途中で火事で焼けてしまったというのではなく、最初から屋形造《やかたづくり》の家屋で、一度として城らしい城が存在しなかった。

これもまた鹿児島観光に華が欠ける原因の一つとなっている。

いちおう城山にはお堀があって、石垣もあり、最近では城門も再建されたと聞くが、何しろ基本的には平地に造られた城であるからランドマークにならない。これでは「武士の国に行ってきました」という印象が薄くなるのはやむをえない（隣県の熊本城はその点、観光客の満足度を、くまモンとともに大いに高めている）。

ではなぜ、この鹿児島の地に城が作られなかったのか――ここに幕末の薩摩を理解するうえでの最大の鍵がある。

と言っても実際には島津家第十八代の家久《いえひさ》が、慶長六年（一六〇一）、つまり関ヶ原の戦いの翌年に天守閣付きの城を築こうとした計画があるにはあった。

しかし、この家久の計画は父・義弘《よしひろ》らが猛反対したこともあって頓挫《とんざ》してしまい、結局、城山の地に城が作られる。城山とはいっても、山の上に城があるわけではない。平山城、つまりはなだらかな丘の上に作られたものであって、建物も屋形造の平屋建てで、天守閣などは存在しない。いちおう堀で囲まれているが、とても大軍に囲まれては持ちこたえることもできそうもない、そんな城である。

この城がどれほど貧弱だったかというと、薩英戦争のときに鹿児島湾にやってきたイギリス艦隊が城と間違えて、別の寺を砲撃したという逸話があるくらい、「地味な城」であった。明治維新の後は薩摩人の暴発を恐れた陸軍が、この城に分営を置いたが明治六年（一八七三）に全焼する。その後、ここには西郷隆盛が私学校を作って、西南戦争の発火点となるわけだが、それもまた今はない。低い石垣と堀が残っているだけで、そこには歴史資料館や図書館、美術館が建っていて、ここにかつて城があったと思わせるものはほとんどない。

しかし、いったいなぜ薩摩藩は江戸時代を通じて、この城を増築・改築して、他の国のように立派な城を作ろうとしなかったのだろうか。江戸時代は一国一城令があったために、原則的にどの藩でも城は一つしか持てない。だから、どこの国もそのたった一つの城をなるべく立派にしようとして、のちに天守閣や天守閣の代用品とも言える櫓《やぐら》を作ったものである。だが、薩摩藩はその櫓さえ作らなかった。

江戸時代を通じて、最も精強と言われた薩摩武士たちはなぜ天守閣付きの城を作ろうとしなかったのか。城とは単なるモニュメントではなく、国家の防衛拠点とでも言うべき最重要な施設である。薩摩ほどの尚武《しょうぶ》の藩であれば、隣の熊本藩にも負けない城を作ってもおかしくはない。たとえ財政が貧弱であったとしても、城の増強は最優先課題であったはずなのだ。

伝説の敵中突破

だが、薩摩藩はあえて、城を作ろうとしなかった――その理由は、鹿児島城が作られた前年に起こった関ヶ原の一戦にあった。

天下分け目の一戦と言われる関ヶ原の戦い（慶長五年、一六〇〇年）における島津軍の「奮闘」については、池宮彰一郎の歴史小説『島津奔《はし》る』（新潮文庫）などをぜひお読みいただくといいのだが、この戦いにおいて、南国の雄・島津家はこともあろうに反・徳川の西軍側についてしまったのだった。

いや、といっても正面切って徳川家康に楯を突き、豊臣家を守ろうと考えていたわけではない。たしかに秀吉存命中に、石田三成《いしだみつなり》に対して恩義を蒙ったという記憶もあるが、片一方で家康に対しても義理があった。だから関ヶ原以前の段階では旗幟鮮明《きしせんめい》にしていたわけではない。

ところが家康が会津《あいづ》の上杉景勝《うえすぎかげかつ》を討つと言って大軍を率いて東下したときに、当時、大坂にいた島津義弘は家康から「留守を頼む」と言われて、大坂に残ることになってしまった。そこに三成が思いも掛けぬことに挙兵をしたものだから、義弘は困った。家康の本隊はもちろん会津にいる。そこに合流したくても、西軍が守りを固めた大坂から出ることはできない。よって、望んだわけではないのに義弘たち島津勢は西軍に属することになったという次第である。

しかも困ったことに彼の手勢はわずか一五〇〇でしかなかった。両軍合わせて一五万とも一六万とも言われる軍勢において、島津隊の数はあまりにも少ない。これでは小早川秀秋のように徳川に内通して「実際に戦いが始まったら東軍方につくので、よろしく頼む」などと言える筋合いもない。関ヶ原の島津軍は負ける西軍に肩入れすることもできないし、かといって東軍に今さら寝返ることもできなかったのである。

そこで義弘が採ったのは「戦わない」という選択であった。すなわち敵正面に位置していた島津軍は戦いの火蓋が切られても、寸毫《すんごう》も動こうとしなかった。兵はひたすら当主・義弘を守っているのみであった。これを見た石田三成はわざわざ出向いて督戦《とくせん》したが、それでも島津義弘はまったくそれを無視して動かなかった。

そうこうするうちに戦局が大いに動いた。西軍の中でも最大勢力の一つであった小早川秀秋《こばやかわひであき》が東軍に寝返ったのである。その瞬間に関ヶ原の帰趨《きすう》は決まったと言ってもよかった。

だが、小早川と違って、島津義弘は「西軍、敗れる」とは思っていても徳川家康に前もって内通していたわけではない。まったく兵を動かさなかったとはいえ、相変わらず西軍方であり、だからこのままでは勢いづいた東軍によってなぶり殺しにされるのは目に見えていた。

そこで島津義弘が部下に命じたのが、史上有名な「敵中突破」であった。

島津隊は一団となって敵の包囲網を突破したのみならず、敵陣のど真ん中に突入してそこから戦場を離脱するという離れ業をやってのけた。

その勢いは徳川家康麾下《きか》の武将の中でも「四天王」と呼ばれた井伊直政《いいなおまさ》や本多忠勝《ほんだただかつ》の軍勢を突破したばかりか、直政に鉄砲傷を負わせたほどであった。もちろん、このような大胆不敵な行動を許しておく東軍ではない。戦場を離脱する義弘たち島津隊を追いに追った。

だが、それを見た島津軍は最後尾の部隊に反撃を命じ、その部隊が斃《たお》れると、今度は次の最後尾の部隊が応戦するといったぐあいで、敵の追撃を阻むことに成功した。最後は義弘と数十人の兵士しか生き延びなかったと言われるが、とにかく関ヶ原の島津軍は山を越え、海を越えて、薩摩に戻ってきたのである。

だが、これで話が終わるわけではもちろん、ない。

関ヶ原の戦いで事実上、日本国の覇者となった徳川家康が、西軍方の島津家に対して厳しい「戦後処理」を行なうのは目に見えていた。

そこで義弘に代わって藩内の実権を握った兄・義久《よしひさ》は徳川との外交交渉に乗り出すとともに、薩摩全土を臨戦態勢に置くという構えを見せた。もちろん、これは外交交渉が決裂し、徳川からの派遣軍が来ても寸土も踏ませないという覚悟の表われであり、また、それと同時に、徳川家康に対する無言の脅しでもあった。

この様子を見て、さすがの徳川家康も島津への処罰を行なうことは諦めた。島津の所領は九州の南端にあって、北から攻め込まれようものなら海に逃げるしかない。普通に考えたら、島津はまったく不利である。

それなのに徳川政権と一戦交えようというのであるから、これは正気とは思えない。わざわざそんな連中を刺激して戦争になるよりは、このまま本領を安堵《あんど》（領有権の確認）してやって九州の片隅に封じ込めておいたほうが合理的判断である——私が徳川家康でもそう考える。

もちろん、そういう「合理的判断」の結果、二百数十年後に徳川幕府が薩摩によって滅ぼされるのだから歴史の判定はむずかしい。

関ヶ原からボロボロになって当主が逃げ帰ってきたばかりだからこそ、島津を叩くのはこのときしかなかったとも言えるし、でも、それで泥沼の戦争になっていたら、徳川家康の日本統一の計画は狂っていたかもしれない。歴史にイフはやはり禁物なのだろう。

ハリネズミのような防衛網

さて、前置きが長くなってしまったが、義弘の息子で、今や島津家当主となった家久が「城を作りたい」という計画を出したときに父親たちから却下されたのは、こうした外交交渉の真っ最中の時期であったのだった。

若い当主である家久にとっても、城を作りたいというのは見栄や酔狂のためではない。いつ何時、やってくるか分からない徳川派遣軍と戦うためにはその防衛拠点となる城がないといけないという焦りがそこにはあったはずである。

だが、戦場経験の豊富な父や伯父たちからすれば、物量において圧倒的に有利な徳川軍に対して籠城戦を行なおうと考えることこそ、愚の骨頂と見えたのだろう。

そもそも鹿児島湾沿岸は巨大なカルデラの一部なので、平地が少なく、しかも周囲を囲む台地は火山灰によって作られていて、大きな城を作るのに向いていない。おまけに海は目と鼻の先であるから、海から攻められたらひとたまりもない（それは後の薩英戦争のときに、如実に証明されることになる）。それこそ徳川家康の思う壺《つぼ》である。

というわけで、家久のプランは一蹴されることになるのだが、その代わりに老練の父や伯父たちが考えたのは、先ほども少し触れたが薩摩全土を要塞化するというプランであった。

具体的には、それ以前から島津領内に一〇〇以上もあった「外城《とじょう》」を島津本家の管理下に移す。それによって島津領のどこから敵が侵入しようとも、その小さな外城が防衛拠点となって敵を足止めし、攻撃し、撃退してしまえばよい。そうなれば強固な守りを持った鹿児島城など必要ないという考えであった。言ってみれば、領内全体をハリネズミのように要塞化するというわけだ。

そもそも薩摩における外城は戦国時代に起源を有する。

南九州一円の支配を志向した戦国時代の島津家は、戦闘によって占領地を得るとそこに分家や子孫を進駐させ、そこでの支配権を現地の部隊に大幅に譲渡するという政策を採った。これは規模こそ違うが、古代ローマが征服地を「属州」として、その支配を現地の駐留軍に任せたやりかたと同じである。

どこから敵が反攻してくるか分からない状況下では軍の一元管理はむずかしいし、また長期にわたる進駐が必要になってくる。

だから、単にその土地を守るだけでなく、その土地が産み出す農作物を税金として徴収する権利を与え、また現地における法律の運用権も与えて、長期にわたる進駐体制を構築する。その拠点となるのが外城である。

　外城はその名のとおり、小さな城であって、そこには領主や地頭が暮らし、その城の周りには家臣団が暮らす「麓《ふもと》」と呼ばれる屋敷群が作られている。その外縁部には農民や漁民が暮らす村が置かれ、場合によっては商人町も作られた。これらの地域を管轄するのが地頭とその部下たちであり、有事になれば地頭が外城ごとに編制された部隊を率いて、出陣するという仕組みになっていた。

　つまり、戦国時代の島津家というのは、本家・分家のほかに、こうした外城に暮らす小規模武士団によって構成される、一種の連合軍のようなものであったとも言えるだろう。

　それぞれが自分の守るべき土地を持っていて、それこそ寝起きを共にする仲間たちと一緒に出陣する——こうした自立した軍団が一〇〇以上もあったところに、島津家独特の強さがあったのではないか。なぜならばすでに戦国時代も後期ともなると、織田信長の軍団が最も有名な例だが、どこでも軍隊の統一的管理が行なわれるようになり、こうした小規模軍団はより大きな軍団に組み込まれるのが常であったからだ。

　その意味では薩摩の軍団は戦国初期のころのまま進化していないとも言えるわけだが、進化していない分、より「野蛮」で個々の戦闘力が高かったはずである。だからこそ、豊臣秀吉による朝鮮出兵において島津の兵士たちは朝鮮兵から「鬼石曼子《おにしまづ》」（鬼のようなシマヅ）と恐れられるようになったわけだし、あの関ヶ原の敵中突破という、常識では考えられないような作戦も成功させることができたのだ。

ふたたび話が長くなったが、関ヶ原以後の島津家が考えた「総合防衛体制」の主軸となったのが、この外城である。一〇〇以上もの外城を活用すれば、徳川方からの間諜（スパイ）が入ってもただちにそれを察知できるであろうし、どこかに徳川軍が侵入しようものならば、まるではい菌を退治する白血球のように、たくさんの外城から出兵した軍団が襲いかかる。これならばおいそれと徳川は手を出せまいと考えた。

そして、その考え方は実に正しかった。おそらく家康も薩摩がこのような外城によって鉄壁の守りに支えられていることを察知していたのであろう。軍を出すという選択は家康にとって考えられることではなく、世間から弱腰と言われようとも「本領安堵《ほんりょうあんど》」という決断を下すしかなかったと思われる。

その意味では外城の活用はやはり大正解であったわけだが、ところが島津はこの外城制度を江戸時代に入っても維持しつづけたのである。

つまり、日本列島全体が天下泰平の眠りに入っても、島津家だけは一人、戦国時代の体制を維持しつづけた。慶長年間の臨戦態勢がその後の二百数十年間にわたって続けられたのだ。ここのところが分からないと、なぜ薩摩藩が維新の主役になれたかが分からない。次の章ではそれについて考えてみたい。

第8章　郷中教育の美名に隠された「ある事実」とは

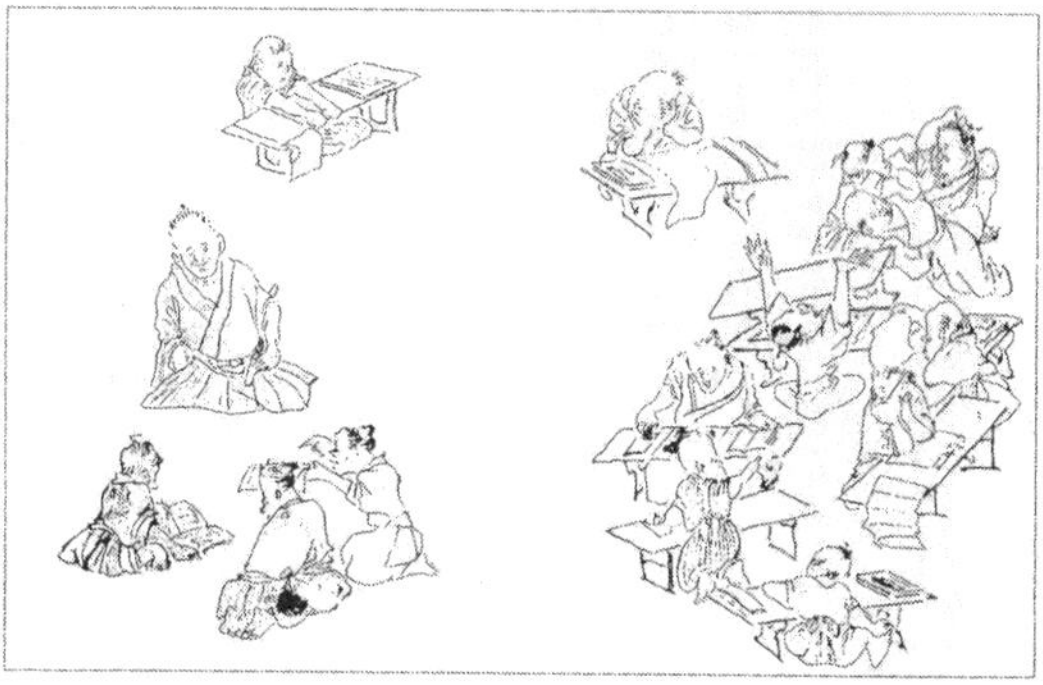
寺子屋のようす（渡辺崋山・筆）

何のための戦時体制か

ここまで筆者は「島津家と薩摩藩は関ヶ原以後も『戦時体制』を三〇〇年間近く続けてきた」という趣旨の話を書いてきた。

江戸幕府の祖法である一国一城令（一種の武装解除命令）を無視して、領内一〇〇カ所以上に「外城」と呼ばれる防衛拠点を配備して、つねに外敵からの侵入に備えたというのもそうであるし、また、戦時体制を内側から破壊しかねない宗教、ことに一向宗をとことん弾圧し続けたというのもその一例である。

そういう事情を指して、薩摩藩のことを「戦国時代の日本をフリーズドライしたような」と表現した若い歴史家がいたが、それは間違いだ。薩摩藩はフリーズドライのようにカラカラになって冬眠していたのではなくて、その間もずっと生きて暮らしていたわけなのだ。冬眠であれば話は簡単で分かりやすい。だが、しかし、三世紀にもわたり、何代にもわたり、そうした生活をしていたと考えると我々は大きな疑問に突き当たる。

「いったい、彼らは『何のために』、戦時体制を維持し続けてきたのだろうか？」

正直言って、筆者もその答えを探しあぐねている。

可能性としてはさまざまなことが考えられる。

第一に考えられるのは「徳川幕府への恐怖」である。

すでに述べたように、一六〇〇年の関ヶ原の戦いで薩摩藩は西軍に属して、徳川家康と戦う立場になった。それはけっして藩としての総意とは言えず、出兵した数も少ない上に、戦場では槍の一本を持ち上げることすらせずに、ひたすら静まりかえっていた。

とはいえ、やはり薩摩が西軍側にいたことは動かしがたい真実であり、関ヶ原の勝者となった徳川家康にとってみれば、九州の南半分近くを制圧してきた島津を討伐する理由としては充分すぎるほどの叛逆《はんぎゃく》である。事実、家康は徳川家の将来を担保するために、九州から島津を追い落とすつもりでいたであろう。

必死の外交交渉によって――というよりは島津が恭順の姿勢を見せたことで――、それはかろうじて行なわれなかった。だが、薩摩人の精強なること、島津家に忠誠を誓うこと甚だしいことは天下周知の事実である。家康の代ではいったんは薩摩藩のお取り潰しはなくなったが、しかし、またいつ何時、その話が実行に移されないとも限らない。

そこで薩摩藩は「その日」に備えて、島津領内全土を武装化し、いつでも戦争ができる状態を維持し続けた――というのは、シナリオとしてやっぱり説得力が弱い。なぜならば、領土保全、島津家の安泰をこそ第一義に考えるのであれば、「徹底抗戦」という選択肢はかえって幕府から反感を買うばかりで逆効果のほうが多いのではなかろうか。

たしかに結果論として見るならば、戦時体制を続けながら薩摩藩はお取り潰しになることなく、江戸時代を過ごすことができたのだから、「大成功」であったとは言える。

薩摩藩の謎を解く、ある「仮説」

だが、その代償はあまりにも大きかった。北朝鮮で言うところの「先軍政治」(軍部最優先の国政)を採用したために、薩摩藩の経済は犠牲にされた。中でも農民層はとことん収奪され、圧迫されて、生きているのもやっとの状態になった。

その過酷な収奪の具体例はおいおい述べるとするが、そうした圧政・暴政は反動を招く。生活苦にあえいだ百姓たちが逃散《ちょうさん》したり、一揆を起こしたりすればこれはまた藩の統治を根本から脅かす事態にもなるし、またそれを理由にしてお取り潰しに遭うという危険も生まれる。

そのようなリスクを考えれば、むしろ、最初から外交においては徳川家に平身低頭で恭順を示し、何から何まで言うことを聞き、国内では百姓たちをいじめすぎず、彼らの創意工夫を奨励して、藩内経済を豊かにしたほうがずっとリスクが少ないし、コストもかからない。そのほうが「お家」も続くというものである。事実、他藩はみなそのようにして江戸幕藩体制を生き抜く選択をし、多くは存続している。

おそらく江戸時代を通じて、薩摩藩内においてもそのような意見を唱える穏健派はきっとありつづけたに違いない。

だが、その声は主流派にはならず、薩摩藩は戦時体制を維持しつづけたまま、幕末を迎えることになった。これをいったいどのように解釈すべきなのか――そのところで筆者の「常識的な想像力」はストップしてしまうわけである。

「いや、単に彼らは時代遅れの、ファナティックな人間集団なのだ」とか「リスクとコストを比較衡量《こうりょう》できない、蒙昧《もうまい》な人々だ」と決めつけてしまうのはたしかに簡単である。しかし、人間そんなに何世紀もの間、ファナティックでありつづけられるものだろうか。ある集団のメンバーが揃いも揃って愚かでありつづけることができるだろうか。いや、そもそもそんな愚かな集団であれば、あっという間に自滅していたに違いない。これが先史時代の、まだ人々が宗教に縛り付けられていた世の中ならばともかく、それなりに文明の発展していた時代に、そのような仮定は無理というものであろう。

ではいったいなぜ……残念ながらそこで筆者の乏しい想像力は尽きてしまうのであるが、ただ一つ、ただ一つだけ「合理的な」説明があるとするならば、薩摩の人々は単に生き残り以上のことを考えていたのではないかという仮説である。

つまりそれは何かといえば、天下布武《てんかふぶ》、である。すなわち、今でこそ薩摩は徳川幕府によって辺境の地に押し込められてしまっているが、薩摩には「天下を取る」という任務を神々から与えられており、それを実現することこそが天命なのだと信じていたとしたら……ありとあらゆる苦難を乗り越えて、ユダヤ人たちがイスラエルを建国したのはまさに彼らの神がカナンの土地を約束したからだったが、それと似たようなことが薩摩にも言い伝えられたとしたならば、それならば説明は付く。事実、薩摩は関ヶ原以来、二六〇年以上もの雌伏のときを経て、ついに徳川幕府を倒して、天下を取ったわけだからそのような仮説はけっして荒唐無稽《こうとうむけい》なものではあるまい。

もちろん、そういう伝承や神話が薩摩藩の中にあったという証拠はどこにもない。しかし、こうしたことを仮定でもしないかぎり、以下に述べるような百姓に対する収奪ぶりはとても「合理的に」説明できないように思うのである。

驚くべき就学率の低さ

江戸時代、薩摩藩の農民がどれだけ収奪されていたかという例は枚挙にいとまがない。近世の日本社会はヨーロッパ中世などに比べて、身分差別がさほど強固ではなく、農民階層であってもカネを積んだりすれば比較的容易に武士になれたりしたことは有名だが、それはこと薩摩藩においてはまったく考えられない話で、農民と武士との間には絶対的な格差があった。

江戸時代の薩摩藩について、多くの人が知っている逸話の一つが「郷中教育《ごじゅう》」である。薩摩では「郷中」と書いて「ごじゅう」と読む。

これは士族の子弟たちが区域（郷）ごとに集まって、若者たちだけでお互いに切磋琢磨《せっさたくま》し合い、また先輩が後輩を教えるという教育のことである。年代別の「輪切り教育」が当たり前のようにして行なわれている現代の学校教育に対するアンチテーゼとして、語られることも多い。

同年代だけの教室では、体格や服装などわずかな違いをあげつらってのいじめが発生しやすい。上級生も下級生も一緒の教室で学ぶことによって、生徒間での自律作用が起き、いじめを効果的に排除できるというわけである（そのかわりに先輩が後輩を「しごく」ことが起きるが、これは集団内の規律を学ぶということで肯定される）。

この郷中教育の起源は戦国時代にまで遡《さかのぼ》ると伝えられている。当初は大人たちが自分の戦場体験を子どもたちに言って聞かせるといったものであったのが、いつしか若者たち相互での鍛錬の場となったようだ。

若者たちは年齢によって二才《にせ》と稚児《ちご》に分けられる。二才は十四、五歳から二十四、五歳の青年たち、稚児は六、七歳から十歳ごろまでの小稚児《こちご》、十歳ごろから十四、五歳ごろまでの長稚児《おせちご》に分けられる。集団内には特定の教師役がいるわけではなく、小稚児の教育は長稚児によって、長稚児の教育は二才によって行なわれ、その二才たちは互いに鍛錬をするというぐあいになっていた。

郷中教育では早朝から夜中まで一緒に行動するのが常で、そこでは日課に従って四書五経《ししょごきょう》をはじめとして、『太平記』『三国志』など、和漢の戦記物を読み、島津家中興の祖と言われる忠良《ただよし》(日新斎《じっしんさい》、一四九二〜一五六八)が残した「いろは歌」を暗唱する。「いにしへの道を聞きても唱《とな》へても我が行《おこ》なひにせずば甲斐《かい》なし」で始まる「いろは歌」は武士としての心得や仏教・儒教・神道の教えを日用実際の立場から平易にまとめたもので、これが近世薩摩藩士の教養の核になったと言われる。

もちろん、学問の一方で「山坂達者《やまさかたっしゃ》」と言って、幼いころは相撲や旗取りなどで体を鍛え、年長になると示現流《じげんりゅう》剣術の稽古を欠かさない。こうして薩摩藩の若者たちは団結心や名誉心をたき込まれ、命令に忠実で剽悍《ひょうかん》な武士が次々と生まれ、それが明治維新における薩摩藩の活躍につながったというのは、ひじょうにしばしば語られる物語である。

だが、こうした薩摩の誇る郷中教育はあくまでも武士階層におけるもの。この武士階層を支える農民たちの教育はどうなっていただろうか。

近世日本における農民や町民たちが同時期の諸外国と比べると、圧倒的に識字率が高かったというのは、日本人ならば「常識」と言ってもいいことだが、しかし、その常識はこと薩摩藩においては通用しなかった。

江戸時代の庶民向け教育機関としてまず筆頭にあげられるのが寺子屋である。

もともとは寺院で僧侶が檀家の子弟たちに読み書きを教えたところから「寺子屋」という名称が付いたと言われるが、この寺子屋は江戸時代の中期くらいから増え、ある統計によれば明治初期には全国で一万五〇〇〇を超える寺子屋があったと言われている。また、寺子屋での教育よりもさらにもっと高度な勉強をしたい者には学者や文人などによる私塾も都市部には作られていて、そこで研鑽《けんさん》を積むこともできたわけである。

明治初期の統計だが、最も多かった長野、岡山、山口で、それぞれ県内に一〇〇〇以上もの寺子屋があったと言われる。これらの県は今でも教育県として知られるが、その伝統は江戸時代からあったのだということが分かる。

では、わが薩摩はどうだったか。

驚くべきことに、郷中教育で有名だった鹿児島県にはわずか一九校しかなかったと統計は伝えている。

専門家によれば、この統計が作られたのが西南戦争直後の荒廃した時期で、鹿児島県全域を網羅したものではなかったので相当のカウント漏れがあったと推定されているが、しかし、それにしても一九校というのはただ事ではない少なさである。

だが、薩摩藩、のちの鹿児島県において一般庶民の教育程度が大いに劣っていたのは間違いない事実であるし、寺子屋が少ない理由は藩による極端な宗教統制に原因がある。何しろ、薩摩では、他の藩なら庶民が帰依《きえ》する真宗の寺が存在しなかった。

寺院は単に信仰の場だけではなく、教育の場でもあった。しかし、薩摩にはその教育の場が存在しなかったのだから、教育レベルも低かったのである。

明治二十二年に鹿児島県に赴任してきたある学校教師（後述）の報告によれば、「就学児童の割合は全国の最低位にある。すなわち男子の就学者はわずかに学齢男児の半数を超える程度であり、女子に至っては八～九％しか就学していない。教育に熱心な石川県では男子はおよそ八割、女子でも六割あまりの就学率があることを考えれば、その差は実に大きい」とある。

同じ教師は鹿児島県には「眼に一丁《いってい》文字を知らぬ者」つまり、非識字者が多いことにも驚いている。強調しておきたいが、これは明治二十二年の話で、西南戦争（明治十年、一八七七年）よりも一〇年以上もあとの話だ。それでいて、これだけの就学率しかないというところに鹿児島の

「特殊性」がある。

では、いったいなぜこのように薩摩藩＝鹿児島県では、初等教育の普及が遅れていたのか。その最大の理由は言うまでもない、薩摩藩独特の「戦時体制」にある。

すでに述べたように薩摩藩は対外戦争に備えて常時、臨戦モードにあったわけだが、それを支えるのが「外城」と言われる、藩内一〇〇カ所以上に設置された駐屯地だった。この駐屯地には郷士《ごうし》と呼ばれる武士が置かれ、郷士たちはそこで普段は農業を行ないながら、自給自足の生活を送っていた。それは戦国時代さながらの生活と言っていいわけだが、武士が農地を耕していたとするならば、本職の農民たちはいったいどこの土地を耕していたのかという疑問が生まれるだろう。

宗教弾圧が初等教育不足を産んだ

江戸時代、他の藩にはあっても薩摩藩には存在しなかったものは「寺」だったことはすでに紹介した。

寺は信仰の場であると同時に、人々が結びつき、独自の社会を作る基盤でもある。冠婚葬祭のみならず、決まった日に人々が集まり、一緒にお経などを唱え、日々の悩み、家庭の問題を語り合う中で自然と横の連帯が生まれてくる。それを一向宗（浄土真宗）では「講」と呼んだりもしたわけだが、一向宗だけが社会の連帯を作るわけではもちろんない。いわゆる檀家たちの横の付き合いは他の宗派にもあったことだ。

しかし、そうした、いわゆる「草の根組織」が出来るのを極端に抑圧したのが江戸時代の薩摩藩だった。戦国時代にしばしば起きていた一向一揆は薩摩のみならず、あらゆる戦国大名に衝撃を与えた。権力や武力によらず、ただひたすら信仰のもとに人々が結集して、大名の軍事力や経済力に対抗し、一種の「宗教国家」を作りだそうとする一向一揆の動きは戦国時代に突如現われた、朝廷や大名といった既成権力に挑戦する、第三勢力であったからだ。

戦国大名たちが目先の領土拡張や武力衝突といった問題をなげうってでも、一向一揆の鎮圧に当たろうとしたのはまさにこれが戦国時代の権力構造そのものを変えてしまう危険性を持っていることを直感したからに他ならない。

こうした一向一揆や島原の乱のような切支丹反乱の経験を経て、江戸幕府は宗教権力を骨抜きにするためのさまざまな制度を作り上げていく。その象徴がいわゆる「寺請《てらうけ》制度」で、誰がどこの宗派に属し、どこの寺の檀家であるかを調べ上げ、各宗派の動向をつかむと同時に、権力が信仰に介入することによって寺の権威を相対的に低下させることに成功した。これによって江戸時代の仏教が「葬式仏教化」したことは広く知られている。

だが、薩摩藩ではこうした江戸幕府の寺請制度だけでは生ぬるいとばかりに、さらに徹底した宗教政策を行なった。その象徴が一向宗の禁教化であったわけだが、それと同時に、寺請制度をさらに強化して、事実上、藩が農民や町民の属する寺や宗派を割り振るということにした。ご先祖さまが何宗を信仰していたかなどは無視するばかりか、それまでまったく縁もゆかりもない寺（それも禅寺）を檀那寺《だんなでら》にするというのであるから、仏教の形骸化もここに極まれりという話である。

こうした宗教政策のせいで、薩摩にある仏教寺院は「庶民が集《つど》う場所」ではなくなってしまった。そのことを端的に表わすのが寺子屋の数の少なさである。

これは前にも書いたが、明治時代の調査によれば薩摩藩にはわずか一九の寺子屋しか確認されていない。

さらにそこに加えて、薩摩藩の農民は徹底的に収奪されていたので、その子弟に教育を与えるというような余裕はどこにもなかった。明治期になっても鹿児島県は就学率がきわめて低く、非識字者の率が高かったというのも、江戸時代を通じて庶民層における教育がまったくなされなかった「伝統」の表われなのである。

「八公二民」という高税率

では、どれほど薩摩藩の農民が収奪されていたかといえば、それを端的に表わすのは一揆の数の少なさ――いや、少ないどころではなく、絶無だったと言っていいほどの少なさである。

鹿児島の郷土史を語る研究書が、江戸時代の一揆として異口同音に挙げるのが「加世田《かせだ》一揆」である。

これは文字どおり、薩摩半島の西岸、現在では南さつま市に位置する加世田の地で、安政五年（一八五八）に起きた一揆なのだが、実は、その主体となっているのは農民ではない。当時、加世田にあった外城につめていた郷士、つまり下級武士たちが起こした反乱であって、農民はその争いに駆り出されたというのが実際のところだし、その反乱もわずか三日で終息している。

記録を精査したわけではないが、どの郷土史本もこの加世田一揆しか挙げえないところを見ると、我々がイメージするような農民の一揆は江戸期を通じて、一度も確認されていないと考えて間違いあるまい。

「いや、外城で働いていた郷士は農業も行なっていたのだから、農民と言ってもいいんだ」という反論もありえるだろうが、それでも一揆はわずか一件ということだし、また、安政年間という、幕末に近い時期に、ようやくその一件が起きたというわけだからいかに薩摩藩の支配が強固であったかが分かろうというものではないか。

この事実に対して、「一揆がほとんどなかったというのは、薩摩の農民がいかに幸せで、豊かであったかの証拠だ」と言う人が万が一にもいるかもしれない。歴史修正主義は今の日本の流行みたいなものだから、「薩摩＝地上の楽園」みたいな説を言う人が現われないとも限らないので、ここで釘をさしておけば、江戸時代における薩摩の農民の課税率は「八公二民」、つまり収穫高の八割がお上に巻き上げられて、残りの二割で生活していかねばならなかった。

歴史書をひもとけば、これよりもひどい「九公一民」の例がないわけではない。だが、それをやったのは島原藩の松倉《まつくら》氏――そう、あの島原の乱を引き起こした張本人と言われる松倉勝家《かついえ》だ。九割を収奪したら「日本史上最大の一揆」とも言われる島原の乱が起きたと考えれば、八割を収奪すればミニ島原の乱くらいは起きても不思議はない。だが薩摩藩ではさっきも述べたように農民の反乱は皆無であったし、しかも、この収奪は一時期のものではなくて、江戸期を通じてずっと行なわれていたと言われる。

私の恩師である中村明蔵先生はその著書の中で「薩摩藩農民が日常の食料をどのように確保し、また将来の再生産に備えたのかに疑問すらいだかざるを得ない」と書いておられるが、筆者もまったくの同意見である。

収穫高の二割しか残らないとなれば、それを日常の食料にあてるのがやっとだろう。翌年の種籾《たねもみ》を残すことにも不自由するだろうし、ましてや収穫物を売って現金を手に入れるなどということもほぼ不可能だっただろう。彼らは農具や衣服をどのようにして手に入れていたのだろうか。この時期の薩摩の農民にもっともイメージが近いのは現在の北朝鮮の農民かもしれない。そう思うほどである。

農民をアトム化した薩摩藩

薩摩藩の農村経営を指して「封建制の極北」と呼ぶ向きもあるらしいが、たしかにこれ以上の収奪は考えられまい。

これでは子どもに教育を与えようという発想が生まれなくても当然である。

しかし、それにしてもここまで収奪されているのであれば、普通は逃げ出すのが当たり前である。いわゆる「逃散《ちょうさん》」と呼ばれるのがそれで、農地を捨てて、他領に逃れてそこで水呑百姓《みずのみびゃくしょう》をする。もちろん逃げた先で、楽な生活をできる保証はどこにもないが、しかし薩摩にいて生き地獄を味わうよりは……というわけだ。現代の概念でいえば、難民である。

だが、これについても薩摩藩は、農民が足抜けできないように十重二十重《とえはたえ》のくびきを用意していた。

その第一は「門割制度《かどわり》」というものだ。

江戸時代の封建制下では、一般的に農村の自治がある程度認められていた。その自治を担うのが「村方三役《むらかた》」あるいは「地方三役《じかた》」と呼ばれる人々で、具体的には名主《なぬし》、組頭《くみがしら》、百姓代の三者である。

元々、これらの三役は戦国時代の農村で自然発生的に誕生したものとされるのだが、江戸幕府はそれらの役割を追認したうえで、農村支配に利用することにした。農村支配で最も重要なのは税（年貢）の徴収だが、それを藩の役人が個々に行なうのではなく、村単位で一括して支払うことにして、そのとりまとめ役、納税責任者として名主を指名した。これはひじょうに現実的な政策だ。

というのも、年貢の高は田畑の広さや土の質によって決められているわけだが（それを決定するために検地がある）、同じ田畑でも年によっては収穫が変動する。もし、それぞれの農家に納税責任を課していたら、毎年、徴税役人は農民からの「今年は取れ高が少なかったから年貢を負けてほしい」「野分《のわき》（台風）で田んぼが壊滅したので年貢を免じてほしい」といった陳情を受けることになり、その業務は煩瑣《はんさ》を極めることになる。

そこで納税義務は個々の農民にあるとしながらも、実際の業務は名主にすべて任せることとして、毎年、村全体として決まった額を納めるというシステムにしたわけだ。なるほどそうすれば、かりに一部の田や畑が不作であったとしても、名主はその分を他の家に負担してもらうようにかけあって、帳尻を合わせるだろう。年貢不足は村全体の連帯責任だから、そうやって負担を押しつけられた家も文句は言えないという仕組みである。そうすれば、徴税役人は個々の陳情に応える必要もないわけで、行政コストは大いに下がる。きわめて現実的な施策である。

しかし、このやり方はかならずしも行政側にだけ都合がいいというわけではない。もし、本格的な旱魃《かんばつ》や災害が襲って、いよいよ農民が食うに困るような事態が起きれば、今度は村を代表して名主が年貢減免をお役所に訴え出る（強訴《ごうそ》）という話にもなる。名主は村民の代表であるのだから、お上のほうもそう簡単に追い返すこともできない。そこで対応を誤れば、今度は一揆という仕儀になる。部分的にも農村自治を認めるとはそういうリスクもはらんだものだった。

この点において「封建制の極北」たる薩摩藩はそのような現実追認的な農村支配を排した。すなわち、こうした自然発生的な農村自治の要素を極力排除し——要するに農村というコミュニティを解体する形で、農民を支配したのである。それが「門割制度」なのである。

薩摩藩は十八世紀前半の享保年間に行なわれた検地（享保検地）において、それぞれの農村を門《かど》と呼ばれるブロックに再編した。この門はそれまでの所有権とか歴史などをほとんど無視して作られた区分けで、そこにはほぼ同じだけの働き手が配置され、そして、ほぼ同じだけの年貢が課せられるようになった。

ちなみに門の代表責任者は名頭《みょうず》と言い、その下で働く農民を名子《なご》と呼んだ。つまり、一種の疑似家族を意図しているのだろうが、しかし、その実際は血縁も地縁も関係なく作り上げた「納税マシーン」「耕作マシーン」でしかない。それまでの農村共同体の「絆」はこれによって破壊されてしまうのだから、したがって一揆や強訴が起きる可能性もほぼゼロにできる。いや、実際にそうなったというわけだ。

ちなみに、このように村を均等に分割しても人口の増減には自ずから偏りが生じる。世代を経ていくうちに、課せられた年貢を納められないほど人手が減ったり、逆に増えたりしたら、そこでまた再度の門割が行なわれる。せっかく生まれた人と人とのつながりは、またそこで断ち切られるという寸法であった。

このように農民をアトム化していき、集団としての抵抗運動の力を失わせるという方針は徹底していて、たとえば耕作者不在だったり、不足だったりする農村の人口減を補うために他の、労働力過多の農村から人を強制移住させる「人配《にんばい》」（「にんべ」とも）もしばしば行なわれていた。

強制移住は対象の村々からくじ引きで選ばれた人間が対象であったという。享保期に行なわれた門割では、同時に人配も行なわれたというから、この時期の薩摩藩領内ではどれだけの家族が引き裂かれたか分からない。

スターリンは二十世紀半ば、対独協力や対日協力をしたという理由で、タタール人やチェチェン人、朝鮮人など、二〇〇万人以上を中央アジアやシベリアに移住させたという。それに比べれば薩摩藩の強制移住はかわいいものだとも言えなくはないが、しかし、こうやって「根無し草」にされた結果、二百数十年もの間、一度も農民一揆が起きない土地になったというのは、やはり今日の感覚からすると途方もない話で、やはり「封建制の極北」としか言いようのない話ではないだろうか。

だが、だからといって、その農民たちを直接に支配していた下級武士である、郷士たちが優雅で贅沢な生活をしていたかというと、それはまったく違う。彼らもまた日々の耕作に追われるばかりの存在であった。

その下級武士たちの不満がようやく解消されるのは、明治維新になってからである。

野口英世は偉人なのか

歴史（History）とは物語（Story）である――とは昔から言いならわされた言葉である。これを筆者なりの言葉に言い換えるならば、日々起きるさまざまな出来事（歴史的事象）の中から、ある一定の物語に沿うものだけをピックアップして、再構成して生まれたものが「歴史」であるという話になる。

つまり、歴史とは歴史的出来事そのものの羅列（言ってみれば年表）ではなくて、そこから都合よくつまみ出されて配置された一種の創作物というわけである。逆に言うならば、あらかじめ想定されたストーリーにはそぐわない出来事は無視され、なかったことにされるのが歴史の宿命であるのだ。

たとえばよく知られた話だが、今ではお札にもなっている野口英世はすぐれた研究者ではあったが、その一面で金遣いも荒く、人間的にも問題の多い男であった。彼はよく知られているとおり、子ども時代に左手に大やけどをして、以来、「てんぼう」といじめられるのだが、その学才を見込んだ高等小学校の教頭がさまざまな援助をして、学問の道を進む。高等小学校を卒業して、しばらく医者の書生をした後に、医師免許を取るために上京するのだが、このとき、その高等小学校の恩師らから借りた四〇円の大金を、放蕩《ほうとう》でわずか二ヵ月で使い果たしてしまうという不始末を起こしてしまう。このときは奔走してくれた友人たちのおかげで何とか収入を確保し、医師試験に合格するのだが、その後も放蕩癖はやまず、手元にまとまったカネが入るたびに使い尽くしてしまうという人生を繰り返している。

また、彼がアメリカに留学するときの学費は、当時婚約していた女性の持参金を「借りた」のであるが、結局、この婚約は後に野口のほうから破棄してしまう（持参金はその後、返却）。ひじょうに意地悪な見方をすれば、野口は持参金目当てで、この女性と婚約したとも言える。こうやって見ていけば、けっして野口はどこから見ても非の打ち所がない、聖人君子とは言えないのは間違いない。

だが、野口英世という男の「歴史」を語るときには、そうした話はいわば夾雑物《きょうざつぶつ》で、「そんなこと、わざわざ言わないでもいいいじゃないか」ということになる。

だから一般に膾炙《かいしゃ》している野口英世ストーリーは「貧しい農家に生まれ、左手を不慮の事故で火傷し、周囲から差別や偏見を受けながらも、医師試験に合格し、その後も不眠不休の研究を続けて、黄熱病《おうねつびょう》や梅毒の研究で世界的な業績を挙げた、日本を代表する医学者」という話であって、そのストーリーラインに合致するエピソードならば喜んで語られるが、借金や放蕩、婚約破棄といった話はすべてオミットされるというわけだ。

野口英世という一個人に限ってみても、このように物語は脚色され、演出される。いわんや、幕末維新というビッグ・ストーリーにおいてをや、である。もちろん物語である以上、そこには憎らしい「悪役」は必要であるが、物語の勝者である主人公、つまり薩摩や長州という側はつねに美しく、感動的な物語だけがピックアップされ、配置される。主人公はけっして凶悪でも、卑劣でもなく、冷酷でもなく、つねに勇猛果敢で、憂国の至情に溢れていなくては困る。

もちろん、薩摩や長州をはじめとする維新の志士たちにそうした至情がなかったとは言わないが、しかし、彼らとて人間である。四六時中、日本国のためばかりを考えて行動していて、己自身の栄達や出世、あるいは金儲けをまったく考えなかったと言い張るのは、人間の本性を知らぬ人の言い分である。人間はそのような欲も併せ持っているからこそ、崇高なことを達成するエネルギーも湧いてくるのであって、無欲無心の人ならば最初から俗事に関わることなく、山や谷に引きこもって、「ああ、世の中の人々はなんとも哀れなものよ」と達観して、高みの見物を決め込んでいたに違いない。そこが人間の面白いところである。

……といったことぐらいならば、賢明なる読者諸氏ならば、とうにお見通しのことであろう。歴史はすべて「勝者が語る」もの。敗者の視点はそこに入ってくる余地もない。本当の「苦い真実」は人々の耳に入ってこない。何と人間は愚かなものなのか、と。

「因果を求める心」から文明が生まれた

だが、最近の進化学によれば、こういうぐあいに何でもかんでも「ストーリー」にしてしまう心の働きがあるがゆえに、人間は文明を創り出せたのだと言う。

ストーリーとは何かといえば、それは「因果を説明する」心の働きである。

たとえば、ここに泣いている子どもがいる。

人間はその子を見て、すぐに考えるのは「はたしてこの子はなぜに泣いているのであろう」ということだ。すると、子どものそばにドッジボールが転がっている。「ああ、そうか、このボールが当たって泣いているのではないか」と人間は推測して、「このボールがぶつかったのだね。痛いだろう。どこに当たったのか、言ってごらん」と子どもを慰めるであろう。これが「因果を説明する」ということだ。つまり、「泣いている」という結果を見て、「ボールが当たった」という原因を推定する。その心の働きが自然と生まれるのが人の心だ。

これに対して、動物はどうか。

人間のこよなきパートナーで、人の心を読むのに長《た》けている犬であっても、飼い主の子どもが泣いていて、そばにボールが転がっているのを見ても「ああ、ご主人様が泣いている」ということを認識するだけで、何が起こったのかというのを推測することはない。ましてやボールと「泣いている」という事実とを結びつけて考えることなどありえない。

せいぜい「ご主人様を慰めなくては」と、近くに寄ってペロペロ顔をなめ回すなり、「元気を出して」と言わんばかりにじゃれつくだけであろう。つまり、犬は「因果を考えない」。結果を見ても、その原因を追うところまでは頭が働かない。

これは単に犬が頭が悪いということではない。そもそも犬には「因果を考える」というメカニズムが心に備わっていないからで、犬をいくら訓練したところで賢くなるわけではないのだ。

ところが人間には、このメカニズムが心の中にある。たとえ五歳の童子であっても、泣いている赤ん坊がいれば「どうしたの？　悲しいの？」と因果を問うであろう。これは親が教えたから覚えたことではない。自然にそういうことができる脳みそを持っているのだ。

人類が他の動物と決定的に違うのは、この「因果を考える」という思考のメカニズムが脳の中にあることだというのが昨今の進化心理学の考えだ。進化的に言えば人間に近いとされる、ゴリラやオランウータンにも、このメカニズムは存在しないらしい。

では、なぜヒトにだけ、この「因果を考える」というメカニズムが生まれたかという「原因」については諸説あるが、おそらくヒトが社会を作るに当たって最も大事なのは仲間の気持ちを思いやるということであったからだろうというのが有力な説である。

ヒトは他の動物に比べておそろしく弱い。ライオンより速く走れるわけでもないし、ゴリラより腕力が強いわけでもない。空を飛んで敵から逃げることもできない。

だから、ヒトは群れを作った。群れを作ることで、他の種から自分たちを守るということができるようになった。

だが、群れを作るのはけっして簡単なことではない。それが五人や一〇人くらいの集団ならば、おたがいに気を遣い合って生きていける。だが人間がサバンナで生きていくには最低でも五〇人、多ければ一〇〇人くらいの集団で、役割分担をしていかなければならない。

今の時代だって、一〇〇人規模の集団を維持するというのは容易ではない。集団に属している人々の利害はバラバラだし、考えもまちまちだ。それをまとめるためには、つねに一緒にいる仲間の機嫌を思いやり、彼らをなだめたり、慰めたりしないといけない。いわゆる「気配り」である。単にパワーがあれば、集団がまとまるわけではないのだ。

でも、困ったことに隣人の心は外からは見えないから、「なぜこの人は怒っているのだろう」という理由を推測しないといけない。

そこで、ここに「因果を考える」という思考メカニズムが必要になってくる、というわけだ。不機嫌な態度や顔が「結果」であるとするならば、その理由になる原因（出来事）を探さないと群れはあっという間にバラバラになってしまう。そこから人間は因果関係を考える脳を発達させた。

そして、その因果を考える脳みそで世界を見渡したところ、文明が生まれたというわけだ。

たとえば、ここに小麦の穂がなっている。他のところにも種を蒔《ま》いたがうまくいかなかった。だが、ここでは小麦が生長している――その理由はなぜかと、因果関係を必死に考えれば「ああ、これは土の違いだ」とか「水はけが違うのだ」という推測ができる。だとしたら、来年は種を蒔くところを変えてみようという結論が出てくる。こうして、人類は徐々に文明を作り出し、それが爆発的に発展したところで「都市文明」が誕生した。

この「因果を考える」という脳のメカニズムは強力無比であったというわけだが、それと同時に、人間はありとあらゆることに因果関係を見出さないと気が済まないというやっかいな性質を持つに至った。たとえば、今日は出かけるときに忘れ物をしかけて遅刻しそうになったし、会社に行けば行ったで、上司から思いもしないことで叱られた。いったい、なぜ今日は運が悪いのだろう――忘れ物をしそうになるのも、上司から叱られるのも、本当は何の関連性もないにもかかわらず、この二つを同時に説明する理由を探そうとするのが人間で、そういうときに雑誌や新聞の星占いを見たら「今日は星回りが悪い。何事においても注意するがよろしい」と書いてあったりすると、「ああ、なるほど、今日一日大変だったのは星回りのせいか」と納得する。現象（結果）があったら、その理由（原因）を見つけないと落ち着かないのがヒトの心である。

これがもっと進み、組織的な体系になったのが宗教である。不合理なこの世の中に合理性（因果関係）を見出して、心を落ち着かせたいというヒトの心の働きが宗教をもたらす。なぜ真面目に生きている人が不幸な死を遂げるのか。悪人が長生きするのか。そもそも、なぜ死ぬために我々は生きているのか。人生は「なぜ？」に満ちている。それに答えを与えるのが宗教だ。

因果関係を求めるというのは人間の知性の原点であるのだが、それは同時に宗教の原点にもなっている。何とも皮肉な、というか面白い現象である（この節の話はすべて、故・山岸俊男先生からの受け売りであることを最後に白状しておく）。

「右肩下がり」の時代の明治維新

さて、話は長くなってしまったが、人間が歴史現象に対してそれなりの「ストーリー」を発見して、それから「ヒストリー」を作り出すというのは、ヒトの脳のメカニズムがもたらしてしまう「癖」のようなものであると言えよう。明治維新という大事件が起きたのであれば、それにふさわしい理由がなくては安心できない。だから、人間は歴史的事件に対して、そこに納得しやすい物語を紡ぎ出そうとするのである。

明治維新について言えば、薩摩藩に西郷隆盛と大久保利通という二人の男たちの友情があり、その男たちが坂本龍馬や勝海舟といった英傑たちと出会って、維新回天の業をなした、という物語が、人間の脳にとって最も心地よいストーリーであって、筆者が本書を通じて、語っている「別のストーリー」はかならずしも耳障りのいい話ではないということなのかもしれない。

だが、時代は変わる。時代が変われば、ストーリーの聞き手の問題意識も変わる。そうなれば、明治維新を単なる友情物語に回収するのではなく、もっと身も蓋もない、リアルなストーリーのほうが刺激的に、説得力を持ったものに感じる時代もやってくるであろうと思っている次第である。

実際、時代は変わった。現代日本で最も人口に膾炙《かいしゃ》している明治維新「ストーリー」の語り部は、言うまでもなく司馬遼太郎であったわけだが、彼が活躍したのは高度成長期からバブル期にかけての、いわば「右肩上がり」の時代であって、だから、世の中には希望と明るさが満ちあふれていた。そのような時代においては、暗黒で血塗られた革命史としての明治維新ではなくて、友情と至誠と無私とを基調とする「改革の歴史」がやはり好まれたのだろうし、それがまた司馬遼太郎の読者たちを勇気づけ、日本経済を活気づけてきたのであろうと思う。

しかしながら、現代の日本の実情は違う。少子高齢化が世界に先駆けて始まっている日本はどう見ても「右肩下がり」の国であり、ことに若者たちにとっては不安だらけの国である。このような状況において、はたして明治維新という出来事をどのように教訓として活かしていくか――それにはまた別のストーリーが必要となってくるのではないか。

実際のところ、幕末の日本はどこからどうみても「右肩下がり」の国であったとも言える。幕府という政治システムはすでに「制度疲労」を起こしているし、経済もよくない。財政破綻している藩はいくらでもある。周囲を見渡せば西洋列強が押し寄せて、東アジア諸国はどんどん海外の植民地になっている。西洋の富、西洋の文明と比較すれば、日本のそれはあまりにも貧しい。このような状況に何の夢を見出せばいいのか――ここを起点とした物語でなければ、今の日本の若者は明治維新に真のリアリティを見出せないのではないかと思うのである。

といっても、筆者に司馬史観に代わる、大きな歴史ストーリーを提示するだけの力はないわけだが、しかし、なぜ当時の日本の中で、戦国時代そのままの統治システムを維持し、最も「野蛮」で、最も「乱暴」だった薩摩が明治維新という革命の主人公になれたのかという「原因」の究明は何らかの役に立つと思っている次第である。

第9章　さらに薩摩の「原点」を探る

仙巌園の蝙蝠の釘隠し

文化の伝播はけっして同心円状ではない

さて、これからはいよいよ明治維新の話に入るわけだが、その前に戦国時代よりもずっと時代を遡って、「薩摩の原点」を考えることとしてみたい。

言わずもがなのことではあるが、薩摩は九州の南端にある。一般的なイメージとしては、「文化果つるところ」という印象があるわけだが、しかし、それは皮相な感想であって、実は果てにあらばこそ、中央との結びつきが強いという現象も起きる。

これは私が中学・高校時代、鹿児島に暮らしていたとき、誰から聞いたかも忘れてしまった話なのであるが、東京の最先端ファッションが最初に「上陸」するのは大阪でもなく、博多でもなく、鹿児島であるということを聞いて、えらく納得してしまった記憶がある。

なにせ男子校育ちなので、少女たちのファッションに詳しいわけではない。だから実地に、あれがそうで、これがそうだという実例までは挙げ得ないが、しかし、大阪や福岡には独自のカルチャーがあって、東京の最先端だからといって簡単に飛びつくわけではない。その最先端ファッションが本当に東京で定着するかをじっと観察しておいて、しかもその中から取捨選択する。東京者に付和雷同《ふわらいどう》しないという意地がそこにあるのだろう。

しかし、鹿児島の場合はそうではなくて、東京の最先端をダイレクトにキャッチする。だから東京の流行は、水面に石を投げ込んだときのように同心円状に、波状に広がっていくのではなくて、いきなりポーンと鹿児島に上陸するのだと聞いた。振り返ってみれば、東京でディスコがブームになったと聞いてまもなく、鹿児島湾に面した埋め立て地の「与次郎ヶ浜《よじろうがはま》」にディスコができた記憶がある（もちろん、私のような、イケてない男の子には縁のない場所であったので近寄りもしなかった）。

地理的な周縁部にいる者のほうが、中央で起きている文化に対してより積極的に反応する――そのような法則があるとするならば、いわゆる王朝時代に薩摩半島から「隼人《はやと》」と呼ばれる人々が奈良周辺に大量移住してきたのは、彼らが朝廷によって征服されたからではなく、むしろ彼らのほうから積極的に中央政権に近づいていたのではないかという最近の仮説も納得できるというものであろう。

謎の民族「熊襲」

古代の南九州に熊襲《くまそ》、隼人と呼ばれる人々が暮らしていたことは比較的よく知られている。言うなれば、九州の先住民族である。

だが、より古い時代にいたとされる熊襲の正体は今以《も》って不明のことが多い。熊襲については『日本書紀』の「景行天皇紀《けいこうてんのう》」の条に、天皇即位一二年目に熊襲が背《そむ》いたという報があったので、天皇自らが西に下ったと記されている。そこでまず周防《すおう》国で神夏磯媛《かんなつそひめ》という土豪が天皇の使者に恭順の意を示したので投降させ、次に豊後国で速津媛《はやつひめ》が天皇に同様に降伏した。こうしていよいよ熊襲の国に入った天皇は熊襲梟帥《くまそたける》と呼ばれる土豪と対峙して、ついに熊襲を平定したとある（『古事記』では、景行天皇の皇子であるヤマトタケルが征伐したことになっている。ヤマトタケルが女装して、クマソタケルを殺したという逸話をご記憶の方も多いだろう）。

もちろん、こうした記述は『日本書紀』の編者が過去からの伝承をつなぎ合わせて、景行天皇の項に入れたものだと推測されるが、問題はこの熊襲と呼ばれる土豪、現在の観念で言えば先住民族がどこに棲んでいたのかということである。これについて、歴史学者の津田左右吉《つだそうきち》などは肥後国球磨《くま》郡（現在の熊本県人吉《ひとよし》市）から大隅国曽於《そお》郡（同・鹿児島県霧島市）にかけての地域にいたと推定していて、長らくそれが定説とされていた。球磨と曽於を合わせれば、たしかに「熊襲」と読める。

だが、これは言ってみれば机上の空論である。地図を開いて見れば分かるが、たしかに人吉市と霧島市とは近接していると言えば言えるが、その間には数十キロの距離があり、しかも霧島連山が間に立ちはだかっている。交通も不便であったに相違ない、これらの地域が一体となって熊襲の勢力下にあったと考えるのは無理がある。そのことを指摘したのが、私の恩師である中村明蔵先生で、熊襲の「クマ」とは勇猛さを示す単語であって、熊襲とは「曽於郡を拠点とする、精強な集団」というくらいの意味であろうとされている。筆者もおそらくそれが真実であろうと思う。

だが、この熊襲と呼ばれる集団が実在していたかについては、少々怪しい。熊襲の名前は『古事記』や『日本書紀』に現われるものの、それらしき集団が暮らしていたという確たる考古学的証拠は今のところ見つかっていないし、それ以後の記録にも熊襲の名前は現われない。大和朝廷成立時の古い記憶から「熊襲伝説」が編み出されたと考えるのが適切であろう。

海幸と隼人

これに対して、熊襲のあとに語られる隼人については、さまざまな傍証があって彼らが一種のエスニック・グループとして実在していたのは間違いない。

元々、隼人は薩摩・大隅両半島、つまり今の鹿児島県を中心に暮らしていたと見られるが、七世紀後半の天武天皇の時代には隼人が朝貢をしていた事実が記録として残っているし、そればかりか、隼人の一群が畿内《きない》やその周辺の諸国に移住をして、朝廷に仕えていたことも記録に残っている。この「畿内ハヤト」とも呼ばれる集団は隼人司《はやとのつかさ》と呼ばれる部署に所属していて、普段は竹製の器具を製作していたらしいが、天皇の代替わりや年中行事の儀式に参加したり、天皇の行幸に供奉《ぐぶ》したりしていた。

隼人が行事に参加するときには刀や矛《ほこ》、盾などを持っていて、行幸に供奉するときには山・川に接近したり、道の曲がり角にさしかかったりしたときに吠声《はいせい》と呼ばれる、犬の鳴き声に似た警戒音を発したとある。畿内ハヤトの居住地の多くは交通の要路にあったとも言われるから、やはり朝廷は彼らの戦闘能力に期待したものと思われる。平城宮跡からは独特の彩色、デザインを施した「隼人の盾」も見つかっている。

こうした朝廷と隼人との関係は、筆者にとってはひじょうに興味深い。もちろん、朝廷からすれば隼人は被征服民族であって、畿内への移住にしても強制的に行なわれたものだと考えられる。

それは記紀の有名な神話「海幸・山幸」の物語に象徴されている。子どもの時に絵本で読んだという人は多いだろうが、いちおうあらすじを紹介しておこう。

天照大神《あまてらすおおみかみ》の孫（天孫）である邇邇藝命《ににぎのみこと》は木花開耶姫《このはなのさくやひめ》と結婚をし、その間に海幸（火照命《ほでりのみこと》）と山幸（火遠理命《ほおりのみこと》）という子どもを作る。海幸は漁業、山幸は狩猟に秀《ひい》でていたのだが、あるとき、山幸は海幸の釣り針を借りて、海に出かける。しかし、一匹も魚が釣れなかったばかりか、その釣り針を失ってしまった。

家に戻った山幸は海幸から「釣り針を返せ」と責められて困っていると、塩椎神《しおつちのかみ》が現われて、「海神の宮へ行って、そこで海神の娘に相談するといい」と告げられる。山幸は言われたとおりに、海神の宮に行くとそこで豊玉姫《とよたまひめ》と出会って、結婚をする。そこで三年間、過ごした後に海幸から借りた釣り針のことを思い出し（何と神様というのは暢気《のんき》なものだろう！）、海神の助けによって針を探し出す。

陸に戻った山幸は海幸に釣り針を返すのだが、そのときに海神に習った呪いの言葉をかけたので、海幸はたちまち貧しくなってしまう。怒った海幸は山幸のところに攻め込むのだが、山幸は海神からもらった塩盈玉《しおみつたま》を使って、海幸を溺《おぼ》れさせて復讐をする。

『古事記』は、この山幸の孫が神武《じんむ》天皇になり、兄弟の争いに敗れた海幸が隼人の祖先となったとしていて、これが隼人が朝廷に仕えることになったそもそもの経緯であると説くわけだ。

本来ならば、山幸のほうが釣り針をなくしたわけで、しかも三年もの間、海幸に釣り針を返さなくてはいけないことを忘れていたというのだから悪いのは山幸だし、その名前のいわれからして、海神は海幸のほうを応援するのが筋だというのが今日の感覚だが、それが逆転するところが古代の物語の面白いところと言えようか。

隼人と朝廷との強い絆

いずれにせよ、この物語は兄弟喧嘩の結果、完敗してしまった隼人の側が朝廷に仕えることになったということと同時に、朝廷と隼人とは古くからの、離れがたい関係にあったということを示していると筆者は考える。単に朝廷が武力でもって隼人を征服したというだけでは、隼人が皇室の守護役を務めて、行幸などで先導するといった重責を担うとはならないのではないか。

本章の冒頭で述べた、周縁部であるがゆえに中央と強く結びつくという文化法則がそこには関係しているようにも思うのである。

実際、隼人たちに対しては朝廷は他の国とは違う、特別の扱いをしてきた。たとえば税金にしても、他の国々では班田収授法《はんでんしゅうじゅのほう》にしたがって税を徴収していたのに、隼人たちの暮らす薩摩や大隅の国ではそれが長らく行なわれなかった。この両国は火山性土壌、いわゆるシラス台地のために稲作がなかなか普及せず、そのため租税（コメ）ではなくて、朝貢という形で税金を納めさせるしかなかったという、現実的な事情もあったわけだが、しかし、すでに朝廷に対して服従をしていながらも、その支配制度の「例外」として留め置かれたのは、やはり朝廷と隼人との間に何らかの強力な絆、特別な絆のようなものがあったのではないかと筆者には思えるのだ。

この点においては、南の隼人と北の蝦夷《えぞ》（えみし）とは大きな違いがある。隼人は七世紀にはすでに朝廷との間に一定の友好関係、支配関係を結んでいたのに対して、蝦夷のほうは九世紀に至るまで数次にわたる「統一戦争」を朝廷は行なわなくてはならなかった。蝦夷はしばしば「まつろわぬ民」（朝廷の支配に従わない民族）と呼ばれていたが、隼人のほうは早々と「まつろう民」になったと言えるだろう。

こうした隼人と蝦夷の立場の違いは、さまざまな角度から検証されるべきことでそう簡単に答えは出ないと思うのだが（ことに最近は考古学の進展によって、縄文から弥生、つまり狩猟から稲作文明へのシフトはけっして単純な北上でなかったことが明らかになっている）、しかし、少なくとも文化の親和性という点では、隼人と朝廷の間のほうが、蝦夷と朝廷間よりも濃かったのではないかと思えるのである。

そして、そうした親和性は時代が下り、皇室の権威が下り坂になり、貴族の時代、さらには武士の時代になっても引き継がれていったとみるのが小生の仮説である。結論だけを先に言ってしまえば、薩摩は昔から中央との結びつきが想像以上に強く、だからこそ、幕末維新の動乱においても、僻遠《へきえん》の地と言われながらあっという間に中央政界を牛耳る存在になれたのだとも思うのである。

島津家別邸の釘隠しに秘められた歴史

すでに何度も書いたことだが、幕末維新を偲んで鹿児島に観光に行った人たちは肩透かしを食う。あの西郷隆盛や大久保利通を産み出した薩摩藩を偲ぶことのできる旧跡があまりにも少ないからである。

そんな残念な鹿児島観光の中で、唯一、見所があるといえば島津家別邸の「仙巌園《せんがんえん》」である。これは別名「磯《いそ》庭園」と言うとおり、鹿児島湾（錦江湾《きんこうわん》）に面し、桜島を対岸に望むことができる風光明媚な場所であり、別邸と庭園に加えて、幕末に島津斉彬が西洋の技術を実用化するために行なった「集成館事業」の遺物として、反射炉跡などを見ることができる。

私も鹿児島で中学・高校時代の六年間を過ごした間に、何回、ここに来たか分からない。と言っても、好き好んで見学に来たのではなく、市内で遠足や社会科見学に行くとなると、ここくらいしか行くところがないせいである。

でも、庭園から見る桜島の迫力は素晴らしく、それだけはいつも感動した記憶があるし、何年か前に鹿児島市内で同窓会があったときにも、仙巌園からの錦江湾の眺めは美しかった。市内中心部からは車で二〇分ほどかかるが（定期バスも出ている）、鹿児島に来られたときには「磯庭園」（鹿児島の人たちは仙巌園とは言わず、こう呼ぶ）に立ち寄られることをお勧めする次第である。

さて、前置きがずいぶん長くなってしまったが、その、同窓会ついでに磯庭園の中にある藩主の別邸を見学したときに大変印象的だったものがある。この屋敷（磯御殿）は一六五八年（万治元年）、第十九代当主であった島津光久によって作られたものと言われている。もちろん日本建築であるから往時そのままであるはずはなく、何度となく改築、建て直しが行なわれているし、明治になって第二十九代当主（忠義）が本邸として使っているのだから、そこでも大きく手入れがされているに違いない。だからこれもかならずしも江戸時代そのままというわけではないはずだが、私の目を惹いたのは和室の柱のところに使われている釘隠しが、なんと蝙蝠《こうもり》を形取ったものであったことだ。

伝統的に日本では蝙蝠はあまりいい印象を持たれていないことは、改めて言うまでもないだろう。「鳥なき里の蝙蝠」というフレーズは浄瑠璃《じょうるり》にも使われていると言うが、「すぐれた人のいないところで、つまらぬ者が幅を利かす」という意味であるし、また「蝙蝠も鳥のうち」という言葉もある。蝙蝠は下賤なものだが、しかし、これもいちおう鳥の仲間であるというわけだから、蝙蝠にはいいイメージがない。

なのに、なぜわざわざ藩主の屋敷の釘隠しに蝙蝠の意匠が用いられているか。

これは言うまでもなく、中国文化の影響である。すなわち、蝙蝠の「蝠」は「福」に通ずるということから、中国の民間信仰では古来、蝙蝠は吉祥のシンボルとされてきた。

「正月に門に貼った〈門神〉の鍾馗《しょうき》像には、鍾馗が剣でコウモリを打ち降ろす図が描かれ、これは〈降蝠〉が〈降福〉（福を降ろす）に通じ、コウモリが銭を抱える図案は、〈福在眼前〉（銭と前は同音）などと縁起をかついだりした」（平凡社『世界大百科事典』）。

磯御殿の釘隠しはこのほかにも桜島大根、茶の実を模したものがあって、趣向が凝らされていることは知る人ぞ知る話らしいが、しかし、その釘隠しにわざわざ蝙蝠の意匠を用いているのは、この藩が中国と縁が深いことの表われだと私は感じたのであった。

島津家はどこから生まれたのか

さて、そこでこの蝙蝠たちがなぜ島津家別邸に現われたのかを解くために、少々、寄り道をすることを許されたい。

実は小生はかつて『島津家の戦争』（二〇一〇年。現在、ちくま文庫）という本を編集したことがある（詳細は後述）。著者は米窪明美さんであるが、ここで言う「島津家」とは鹿児島の島津本家からすると分家にあたる都城《みやこのじょう》島津家のことを指す。同書は都城島津家がいかにして江戸、明治、そして大正、昭和を生き延びてきたかを歴史家の目で描く大河ドラマとなっている。

さて、この都城は宮崎県の南端に位置し、鹿児島県に接している盆地であるが、実は歴史を遡れば、この都城の地こそが「島津家」の発祥の地と言える。

奈良朝から平安朝に至る「律令政治」の基本は、土地の公有制である。すなわち日本の国土はすべて朝廷の所有物であり、そこからの生産物から一定の割合を徴収する。これが律令制における「税」の基本であったわけだが、各地で土地開拓が行なわれると、そこで新しい田畑が生まれる。当時の法の大前提からすれば、これらの土地も当然ながら朝廷、すなわち天皇のものである……べきなのだが、しかし、汗水垂らして新田を開発したのは天皇でも、朝廷の役人でもない。その土地の住民であるのだから、それをそっくり国有財産にされてはかなわない。

そこで妥協策としてまず生まれたのは、開墾してから一定期間は私有を認めるという制度（三《さん》世一身法《ぜいっしんのほう》）であったが、しかし、これでも結局は土地が没収されるのだから、農民たちとしては新田開発のモチベーションが湧かない。そこで結局は「新しく開墾した土地に限っては私有を認める」という法律が生まれた（墾田永年私財法《こんでんえいねんしざいほう》）。土地が増えれば税収も増えるのだから朝廷としてもありがたい。そう思っての制度改正ではあるのだが、これは要するに「土地公有」という国家の基本政策を根本から変えてしまうことであったのだから、社会制度そのものも大変動を来たすことになる。

それが「荘園」、すなわち国家権力もその中に介入することがむずかしい「国家内国家」の誕生である。国家からの統制を拒否するために、新田を開発した人々が頼りにしたのは中央の貴族であったり、寺院や神社であったりした。もしも荘園に公の徴税官がやってきたとしても、「ここは貴族の何々様の土地である」「某寺の寺領である」と言って立ち入りそのものを拒否する。場合によっては武力でもって介入を拒否する。そこから武士階級も生まれてくるというわけだが、こうした社会変動は九州にも及んできた。

日本一の大荘園

というよりは、荘園が最も栄えたのは九州であると言っても大袈裟ではない。何となれば、日本中に叢生《そうせい》した荘園の中でも最も大きな荘園の一つが、日向国、すなわち今日の宮崎県都城市にあった「島津荘《しまづのしょう》」であったのだ。南九州といえば火山活動が活発な地域ゆえに火山灰に覆われた痩せた土地というイメージがあるが、この都城市はその例外で、今でも日本有数の農業地帯であり、また最近では牧畜が盛んなことでも知られている（二〇一〇年に起きた家畜の口蹄疫《こうていえき》のアウトブレイクはまさにこの都城が中心であった）。

　この都城にあった「島津荘」は、藤原摂関家の領地とされてきた。もちろん藤原家はこの荘園の開拓には何のコミットもしていない。実際には地元の豪族たちが開墾した土地だが、それを国家権力から守るために名義上、摂関家のものとしたのである。もちろん、藤原摂関家もタダで名前を貸すはずがない。その荘園からの上がりをかすめ取るのは言うまでもない。やっていることは要するにヤクザやマフィアのショバ代とほとんど変わるところがない。

　で、この島津荘が開墾されたのは十一世紀初頭のころで、それを行なったのは平季基《たいらのすえもと》という豪族であったというのが分かっている。

　この平季基は、その名のとおり、平家の末裔で、元々は九州防備のために都から派遣されたようなのだが、九州において朝廷の権力が低下しているのを見て、実力で南九州を制覇しようとし、それに成功した。そして拠点を都城に構えて、そこで荘園を開発した。その間、季基は朝廷の出先機関である日向国府を焼き討ちにしたりしていたから、その罪を問われないようにするという目的もあって、摂関家に接近して、その庇護を得ることにしたのである。

　ますますヤクザやマフィアのやりようと変わらないわけだが、季基は相当に「実力」があったと見えて、周囲の荘園も次々に併合して島津荘を拡大し、ついに日本一の規模にした。

さらに彼ら一族にとって運がよかったのは、その本家である都の平氏がますます勢力を拡大していき、ついに平清盛が事実上の日本の支配者になったことである。いや、運がよかったかどうかは微妙かもしれない。というのも、清盛ともあろうものが島津荘という「利権」を見過ごすわけはないわけで、ここに自分の弟である忠度《ただのり》を薩摩守《さつまのかみ》として任命したからだ。もちろん、忠度自身が九州に赴くわけではなく、実際には部下を派遣して、島津荘からの上がりをかすめとることにした。これが平家政権の資金源になったのは言うまでもない。

ちなみに、かつて電車の無銭乗車を「薩摩守」と呼んだのは、この平忠度の名前（ただのり＝タダ乗り）から取った隠語である。

だが、おごる平家は久しからずで、都の平家一族は源氏によって壇ノ浦《だんのうら》において滅びることとなる。寿永《じゅえい》四年（一一八五）春のことである。

この平家滅亡によって、島津荘の「持ち主」が変わることになる。言うまでもない。新たな「主」となったのは源氏である。と言っても、島津荘が源氏の支配下に置かれるまでには一筋縄では行かなかった。都の平氏が滅びても、九州の平氏までが運命を共にしたわけではないし、また平清盛一統の没落に朝廷側が支配権を取り返そうとする動きも起きた。そうした中で、島津荘の中では激しい内乱が発生したのだが、結局は九州一円を管轄下に置く大宰府を、鎌倉幕府を建てた源氏が掌握し、九州の平氏を討伐し、その代わりに鎌倉から御家人を派遣して、各地の守護に任命する。

これが十二世紀末のことであるが、問題の島津荘を領地として与えられたのが御家人の惟宗忠《これむねただ》久《ひさ》という男であった。

この忠久という男が後に「島津」という苗字を名乗ることになる。つまり、彼こそが後の島津家の創始者というわけなのだが、この男の出自ははっきりしない。江戸時代の薩摩藩では「忠久は源頼朝《みなもとのよりとも》の御落胤《ごらくいん》である」という伝説が信じられ、また幕末になると「実は後白河《ごしらかわ》法皇の皇子である以仁王《もちひとおう》の御落胤なのだ」という説まで飛び出してきたそうだが、最近の研究では惟宗氏とは渡来人系の秦《はた》氏の末裔であろうということになっているから面白い。

元々は朝廷の中で、財務会計などの実務に従事していた氏族であったそうだが、時代を経る中で源氏に仕える身になったのであろう。もちろん、このころには自分たちが渡来人系であるという意識は薄れていたはずであるが、後に島津家が中国大陸と深い結びつきを得ることになったのを考えると（それが「蝙蝠」の釘隠しにもつながってくる）、不思議な因縁という気もする。

さて、この惟宗は日本一の荘園である島津荘の管理を任せられたのであるから、鎌倉幕府にとっては相当に信任の厚かった男であろうと思うが、しかし、それだけの利権となれば他に狙う者も現われてくる。その筆頭となったのは鎌倉幕府を事実上、乗っ取った北条家一門であり、島津荘があった日向や大隅といった地域の守護職に北条家が就くようになる。すなわち島津荘もまた北条得宗家の管理下に置かれるということになった。もし、この状態が長く続けば、島津家の名前も歴史の中に消えていっただろうが、島津にとって幸いだったのがこの鎌倉幕府が滅びて、日本中が南北朝の動乱に巻き込まれていったことだった。

第10章 なぜ島津は「九州の統一者」になれなかったのか

文禄の役『釜山鎮殉節図』

「戦争を終わらせる戦争」をした秀吉

最近、『藩とは何か』(二〇一九年、中公新書)という本を読んだ。著者は歴史学者の藤田達生氏(三重大学)で、戦国大名の「戦う組織」=軍隊がどのようにして、平時の「藩」=官僚組織そして統治組織へと変貌を遂げていったのかというプロセスを、伊勢・伊賀の藤堂《とうどう》藩の成り立ちを通じて検証していくという内容の本である。

もちろん、この軍隊から統治組織へという一大トランスフォーメイションを起こしたのは、徳川幕府の成立である。もっと正確に言うならば、「藩の成立」は豊臣秀吉が行なおうとした天下統一事業にその端緒があり、秀吉が志半ばにして斃《たお》れた後にそれを完成したのが徳川家康であるという話になる。

以下はこの『藩とは何か』を私なりに要約した話である。

織田信長は天下布武を唱えた。彼のやろうとしたのはスクラップ&ビルドである。つまり室町幕府という旧世代の権威や既得権益の構図を完璧に破壊して、信長が天下人《てんかびと》として足利家にとって代わる。

その後に彼が何をしようとしたかは、残念ながら本能寺の変で彼が殺されてしまったので分からないが、「その先」を考えたのが秀吉だ。それが天下統一で、秀吉が行なおうとしたのは、一言で言えば「この長く続いた戦争を終わらせる」ということだった。

秀吉は東北方面、九州方面で、あるいは四国方面で今日流にいえばＰＫＯを行なうことにした。岐阜以西の本州はすでに信長が支配下に置き、秀吉がそれを引き継いだのでもはや内戦は起きない。だが、それ以外の地域では内戦が続いていたので、そこに秀吉は大軍を派遣して、武力でもって内戦を終結させる。

その上で、彼が行なったのは太閤検地である。太閤検地とは何かといえば、要するに土地を強制的に収用して、律令制以来、絶えて久しかった「公地公民制」を復活させることだった。

それまでは、戦国大名たちが支配した土地はすべてその大名の私有地であったわけだが、もはや戦国時代ではない。領地が私有財産であった時代は終わった。これからは土地はすべて朝廷のものであり、それを管理するのが豊臣家であるというのが、秀吉の考えた「戦後プラン」だった。

だが、朝廷の土地を預かるためには、彼自身が朝廷の一員にならなくてはならない。いや、朝廷の事実上の支配者にならないといけない。彼が「関白」になったのは、そのためで、かつては藤原家が独占していた地位を、豊臣家が簒奪《さんだつ》して、天皇の補佐役になる。天下の土地（正確には農地）を秀吉が測量し直して、その図面をすべて朝廷に献上する、つまり、天下の土地をふたたび皇室にお返ししたという功績でもって、社会の最下層に生まれた秀吉は位人臣《くらいじんしん》を極めて関白になったというわけである——というのが、『藩とは何か』の著者の解説である。

なるほど、そういうふうに考えて見れば、秀吉が太閤（かつて関白だった人を指す称号。秀吉は甥の秀次に関白を譲ったので太閤になった）になったのも、また彼が検地を行なったのもひとつながりのものだと分かる。

多くの人は歴史なんて不動のもので、子ども時代に学んだ歴史の教科書の話が今でも通用すると思いがちだが、しかし歴史学もまた他の学問と同様に日進月歩である。戦国時代の話など、聞き飽きたと思ってしまうわけだが、しかし、ちゃんと専門に研究した人の話を聞くと、これまでにない視点で歴史が語り直されて、アップデートされていることが分かる。我田引水になるが、やはり読書は重要だと思い知った。

あと一歩で九州制覇するところだった島津家

さて、ここまで戦国時代の「新しい見方」を紹介したのだから、それに沿って本書の主人公である島津家のことを語らないわけにはいくまい。

前章で述べたとおり、鎌倉幕府の時代、日向国・都城を中心に成立した、日本一の荘園「島津荘」の支配を任された惟宗忠久が、後の島津家の創始者となった。

惟宗は鎌倉幕府の御家人で、頼朝の信頼が篤かった男らしい。文治元年（一一八五）に、それまで平家の支配だった島津荘の管理を任されたのを皮切りに、大隅国、薩摩国、さらには日向国の守護職に任命された。守護とは、正式にはその地方の軍事・警察権を委任された者ということだが、しかし、当然のことながら、その権力は単に統治だけに限らず、経済方面にも及び、守護はその地方にある荘園をも傘下に収めることになった。惟宗もまた同様に、薩摩・大隅・日向の実質上の支配者となり、その拠点である「島津」を苗字にして、以後は島津忠久と名乗るようになったというわけだ。

しかし、それ以後、島津家が順調に南九州一帯の支配者であり続けたかというと、そう簡単ではない。鎌倉幕府が倒れるや、南北朝時代となり、さらには室町幕府、そして応仁の乱と続く戦乱の中、九州の地にも多数の武装勢力が現われ、その支配権を争うようになる。さらに島津家もまた一体ではなく、本家と分家、あるいは分家同士での熾烈《しれつ》な戦いも続く。南北朝時代には後醍《ごだい》醐《ご》天皇から征西大将軍に任ぜられた懐良《かねなが》親王が薩摩に上陸し、谷山《たにやま》城（現在の鹿児島市南部）に籠もって、北朝方に加担した島津家と対峙するという時期もあった。

そうした分裂・抗争の時代を経ながらも島津家は生き残り、戦国時代末期にはもう少しで九州全土の支配者になるところまで行った。元々の本拠である薩摩・大隅・日向に加えて、島津家は竜造寺《りゅうぞうじ》氏を倒して肥後国全土の支配権を獲得したのだ。

残る大きな勢力は豊後を中心に筑後・筑前などを支配していた大友《おおとも》氏だけとなった。天正十四年（一五八六）、島津は大友氏の本拠である豊後攻撃に着手する。

時の島津家の当主は第十六代の義久《よしひさ》。彼には三人の優秀な弟（義弘《よしひろ》・歳久《としひさ》・家久《いえひさ》）がおり、この四兄弟の結束の前には、かつて毛利家の九州進攻をも食い止めた大友宗麟《おおともそうりん》でさえも勝ち目はなく、大友氏はあわてて秀吉のもとに駆け込み、豊臣傘下になることと引き換えに、加勢を依頼した。秀吉はすぐに援軍を派遣するも、鎧袖一触《がいしゅういっしょく》の島津軍の前に秀吉派遣軍は壊滅し、大友氏は滅亡の淵に立たされることになる。

この大友氏さえ倒せば、九州に残る反島津勢力はほとんどないから、島津による九州統一は事実上完成することになったはずだ。

だが、その翌年、秀吉は大規模な九州遠征を行なう。秀吉軍は九州西部、弟の秀長軍は九州東部を南下するという二方面からの進軍に、やむなく島津軍は退却を余儀なくされ、日向で秀長の軍隊との決戦を行なうも敗れ、ついに講和をすることとなった。肥後方面から入った秀吉は島津領内である川内《せんだい》に本陣を置いたのだから、これは完敗と言ってもいい。

ここにおいて、秀吉は「九州における戦国時代の終結」という事業を完成させた。もはや、戦争の時代、実力の時代は終わった。以後は秀吉の考える戦後体制にしたがって、九州各国の支配者が任命されることになったわけである。

しかし、島津家に対する秀吉の戦後処理は寛大で、島津家の元々の領地である薩摩・大隅・日向の支配権は認められた。もちろん、その代わりに秀吉による検地を受け容れるのが条件で、つまりこの三国の土地は秀吉の管理下に置くというものであるし、もはや九州では領土拡大のための戦争を起こさないということでもあった。

島津にとっては歯がみするような事態であったが、しかし、すでに秀吉は太政大臣に就任し、東の雄・徳川家康をも臣従させ、新たな「豊臣レジーム」を作り出している。言い換えるとすでに秀吉政権は戦国時代を脱していたのであるから、未だに戦国大名である島津家とは次元が違うとも言える。

こうして皇室の権威をバックに、すべての日本の土地の支配者になった秀吉が行なおうとしたのがいわゆる「朝鮮出兵」である。かつての戦国大名たちが、この秀吉の無謀とも言える計画に反対できなかったのは、彼ら大名たちの領地はすべて秀吉に取り上げられていたからで、いわば首根っこを押さえられていた。秀吉の心一つで領土はすべて召し上げられるという仕組みなのだから、命令を聞かざるを得ない。

なぜ島津は「石曼子《シマズ》」と恐れられたのか

それは島津家も同じで、天正十九年、秀吉は朝鮮出兵にともなって島津家にも兵一万五〇〇〇人の動員を割り当てた。

だが、島津家の家臣団の多くは「秀吉レジーム」に不満を持っていて、それに協力しようとしなかった。九州最強と言われた島津家の強さは、その家臣たちがみな一国一城の主の気概を持った者たちであったことにも由来する。だから、「島津家は秀吉に降伏したかもしれないが、我らが降伏したわけではない」と考える者も多く、「戦後」の島津家は一枚岩とは言えない状況にあった。

それゆえに、秀吉の朝鮮出兵（文禄《ぶんろく》の役《えき》）に際して、島津家では当主・義久の弟・義弘が島津軍の指揮を執ることになっていたのだが、蓋を開けてみたら兵はほとんど集まらなかった。義弘は島津四兄弟の中でも、後に朝鮮人たちから「鬼石曼子《おにしまず》」という異名で恐れられた猛将であったのだが、その「鬼」の子分たちは「秀吉の命令など聞けるか」とサボタージュを決め込んだのである。これには義弘の面目が丸つぶれになったのは言うまでもない。わずかな部下をともなって、小船を借りて朝鮮に渡らざるをえなかった義弘は国元に「こんなに恥ずかしい思いをしたことがなく、戦陣では身の置き場もない」と書き送ったほどであったという。

だが、このような事態は裏を返せば、どれだけ島津家の家臣たちが己の精強さに自信をもっていたかの表われとも言える。

それが単なる増上慢《ぞうじょうまん》でないことを天下に示したのは、秀吉が二度目に朝鮮出兵を行なったとき（慶長《けいちょう》の役）である。

文禄の役で、秀吉軍の圧倒的な実力を見せつけられた、朝鮮の宗主国である明はいったん講和を結ぼうとするのだが、後にその条件を破却し、それを知った秀吉は激怒して再度、朝鮮に兵を送る。ここでも当初、秀吉軍は破竹の勢いで進軍をするのだが、その途中で秀吉が逝去したために全軍撤退を決定する（慶長三年八月）。そこで危機に陥ったのが義弘率いる島津軍であった。

秀吉の死を知った明軍は島津軍七〇〇〇人が立て籠もる泗川《しせん》新城を、圧倒的な軍勢で包囲したのである。ここにおいて、島津勢はまさしく風前の灯となるのであるが、ここから彼らは驚異的な闘いを行なう。以下は『鹿児島県の歴史』（一九九九年、山川出版社）からの引用である。

十月一日、明軍は新城に総攻撃をかけてきたが、義弘はこれを塀ぎわまで引きよせて鉄砲の一斉射撃をあびせて撃退。さらに明軍の後方にひそんでいた工作員が明軍の火薬櫃《ひつ》に火を放って爆発させたため明軍は大混乱に陥《おちい》った。これをみた義弘はすかさず突撃を命じ、明軍はこれをささえきれずに敗走した。義弘はこの泗川の戦いで明軍三万八七一七人を討ち取り、ほかにも多数を斬りすてたと報告している。

この島津の大勝利を見た明・朝鮮側が彼らを「鬼石曼子」と呼んで恐れたことはすでに述べたとおり。

この後も義弘ら島津軍は孤立した小西行長《こにしゆきなが》軍を救援するべく、露梁《ノリャン》の海戦で、明・朝鮮水軍を打ち破り、朝鮮水軍の英雄であった李舜臣《りしゅんしん》を戦死させる。これによって小西軍も無事、朝鮮を脱出することができた。義弘たちが朝鮮を離れたのは同年十一月二十六日のこと。彼らが日本軍のしんがりであったのは言うまでもない。

このように当初は「身の置き場もない」ほどの体《てい》たらくであった島津軍は遠く明国にまでその盛名を知られるようになったわけだが、実は第一次出兵（文禄の役）の最中に、明はひそかに島津家に接触して、「わが軍と連合して豊臣秀吉を討とうではないか」という申し出をしたという記録が中国側に残っているそうだ（『徐文定《じょぶんてい》公集』。一九九九年『鹿児島県の歴史』に拠る）。

にわかには信じがたい話だが、しかし、これはかなりの信憑性があるという。

というのも、その工作をしたと記されている許儀後《きょぎご》という人物は実在していて、それは島津家に仕えていた中国人医師の許三官《きょさんかん》のことであった。この許三官の名前は日本側の記録にも残っている。実は豊臣秀吉の出兵計画を誰よりも早く明に内報したのがこの男で、それを知った秀吉が大いに激怒したという前歴があるのだから、明のエージェントとして島津家の寝返りを打診したとしても不思議はない。

もちろん、島津家はこれを断わったわけだが、このように中国人医師を抱えていたということからも明らかなように、島津家と中国大陸との結びつきは深かったのである。朝鮮出兵のおりに、島津家は朝鮮から多数の陶工を連れて帰り、それが後の薩摩焼につながったことは有名だが、こうした「人材スカウト」は朝鮮出兵以前から島津家では普通に行なわれていたのであろう。

『島津家の戦争』

先述のとおり、筆者の本業は書籍編集者である。他の仕事と同様、編集者の仕事には人によってさまざまなスタイルがある。

編集スタイルの分類にはさまざまな尺度があろうが、著者の選定、テーマの選定ということから言えば、最初から自分のテーマ性をはっきり持っていて、その中で題材を求め、著者と出会っていくタイプと、私のようにいわば「出たとこ勝負」で、さまざまな縁を通じて出会った人の中で「これはすごい！」と思えた人に執筆をお願いするというタイプに分かれるのではないかと思う。もちろん、どっちが立派かといえば、前者のほうがずっと偉いに決まっている。

私の編集の先生とも言える大先輩で、『日本国憲法』や『成りあがり──矢沢永吉激論集』、岩合光昭写真集『おきて』といった大ベストセラーを作ってこられた元・小学館の島本脩二《しまもとしゅうじ》さんはまさにそういうタイプの編集者で、先日、武蔵野美術大学で開かれた、島本さんのこれまでの編集者人生を回顧する展覧会（島本脩二「本を作る」展　デザイナーと編集者の役割）を観に行ったら、若い頃から七〇歳を超えた今日に至るまで、その編集スタイルやテーマ設定がまったくぶれていないことに感動もし、己が未熟さに恥じ入った次第である。

私も島本さんのような編集者になりたかったのであるが、頭の中がいつもぼんやりしていて、さながら海中のクラゲよろしく、浪《なみ》のまにまに漂う意志薄弱な性格ばかりは、いかに立派な師匠、先輩、導師、著者とお付き合いさせていただいても直らない。

「ワシの目には一〇年後が見える」などと見得を切ってみたいものだが、そんな先見力などあるわけもないし、また、移り気で飽きっぽい性格なので「あれも面白そう、これも面白そう」と腰が定まらないままに、花から花へ、テーマからテーマへと本を作ってきた。だから私の作ってきた本のラインナップは、よく言えば百花繚乱《ひゃっかりょうらん》であるが、ホントのことを言えば支離滅裂。「筋」

やら「ポリシー」やらはどこ吹く風である。

とはいえ、さすがに三〇年近く本を作ってくると、そこにはそれなりの「傾向」や「つながり」が現われてくる。「何でも屋」を自称していても、やはり得手不得手もあるし、薄ぼんやりはしていても問題意識というか、興味の対象はおのずから絞られてくるということなのだろう。

で、なぜこのような話を長々としたかといえば、本書の執筆を始めたそもそものきっかけは前にも書いたように、坂田吉雄の『明治維新史』を読み、薩摩の贋金作りを知ったことにあるわけだが、よくよく考えてみたら、それ以前に私は島津家の本を作っていたのだった！

いや、もちろんいくら記憶力の足りない私でも自分が何の本を作ったかくらいは覚えている。だが、本書の「前史」として、その本を編集したことがあったことを自覚していなかったというふうにご理解いただきたい。

言い訳はそのくらいにして、私が作ったその本とは米窪明美さんの『島津家の戦争』（現在、ちくま文庫。二〇一七年）である。著者の米窪さんを知ったのは新潮新書の『明治天皇の一日』という彼女の本を読んだからだった。この本は、その題名のとおり、明治の宮廷において天皇がどのようにして目覚め、食事をし、人と会い、書類を決裁して御名《ぎょめい》を記し、御璽《ぎょじ》を捺《お》し、たまにどのような息抜きをなさったかが、まるで実際に明治天皇やその皇后をおそば近くで見てきたかのごとく描かれた、珠玉の書である。調べてみたら、これが米窪さんにとって最初の本と知って驚き、さっそくご連絡を取って会った次第である。

今も「殿様」が暮らす街・都城

約束の場に現われた米窪さんは、小柄で控えめな挙措《きょそ》の女性で、いかにも宮中の物語を書くにふさわしい雰囲気の持ち主であった。

なぜ米窪さんが『明治天皇の一日』を執筆したかというと、米窪さんは元々、礼法の研究をなさっていて、その延長として宮中の礼儀作法にも興味を持ち、『明治天皇紀』（吉川弘文館）をはじめとして、さまざまな史料を読み込んでこられたという。そうする中で、明治天皇が朝、目覚めて、夜に就寝するまでの一日を紙上で再現するというアイデアが生まれたとおっしゃる。

徳川将軍もそうであったが、天皇のような貴人の場合、「内」と「外」という二つの空間で暮らしている。「内」は言うまでもなく、プライベートな生活の場であり、「外」は政治上の決裁や、政府関係者たちからの報告をお聞きになる場である。

ことに明治天皇の場合は、旧江戸城（今の皇居）で暮らされた初めての方であり、そこには西洋文明の影響による新しい生活習慣が数々、採り入れられた。これまでも天皇のプライベート・

ライフを書いた本は多々あるけれども、自分なりの書き方ができるのではないかと思うに至ったそうである。米窪さんは控えめでありながら、その一方でこうした素晴らしいアイデアを思いつかれる、柔軟な発想の持ち主と知って、無理を言って「ぜひ一冊」とお願いして、出来たのがこの『島津家の戦争』なのである。

『島津家の戦争』と言っても、この本の主人公は薩摩の島津宗家ではなく、その分家筋に当たる都城島津家である。現在では宮崎県の一部になっている都城は元々、島津藩の私領（四万石）であり、島津藩内、最大の勢力を有していた。農産物が育ちにくい薩摩とは違って、都城は土地も豊かで、有名な米の産地でもある。さらに「赤霧島」「黒霧島」などの焼酎で有名な霧島酒造もある。

米窪さんはこの都城島津家に伝わる『都城島津家日誌』を、かねてから丹念に読み込んでおられていた。彼女がこの『日誌』を知ったのは、学習院の院長で、都城島津家の子孫である島津久厚氏の下で原稿作成の手伝いをしているときのことだったという。

この『日誌』そのものは明治四年から七七年間にわたる都城島津家の日常を、その使用人が丹念に綴《つづ》ったもので、当時の華族の暮らしぶりがよく分かる貴重な資料ではあるが、それだけを紹介したのでは少し地味だ。そこで話を戦国時代まで広げて、どのようにして島津家が戦国の世を生き抜き、さらには関ヶ原の戦いでの「敗戦処理」をいかにしてなしとげ、けっして豊かではない財政状況の中、江戸時代を切り抜け、その後に来る数々の戦争（薩英戦争、戊辰《ぼしん》戦争、西南戦争、日露戦争）の物語までを、一種の通史として描ききったのがこの『島津家の戦争』であったというわけなのだ。

この本の担当編集者としての思い出は尽きせぬものがあるが、中でも忘れがたいのは米窪さんと一緒に、都城島津家の当主たちが眠る墓地を訪れたときの記憶である。都城でも薩摩と同じく、廃仏毀釈が行なわれた結果、当主の菩提寺（龍峯寺《りゅうほうじ》）は慶応年間に破却されて、その遺構すら残っておらず、墓地だけが残されているわけだが、その墓地の見事に清掃されていることには驚嘆した。

それこそ落ち葉が一枚も落ちておらず、まるでその清浄なること、神社の聖域のごとくである。聞くと、都城島津家の旧家臣たちの子孫が今でも毎日のように墓地を訪れ、清掃をし、歴代当主の菩提《ぼだい》を祈っているのだと言う。明治維新から一〇〇年以上、経ておりながら、未だに当主と家臣との絆が生きていることには感動を覚えずにはいられなかった（残念ながら島津久厚氏は平成二十六年に逝去された）。

なぜ宮崎の盆地に「中国人居留地」が作られたか

さて、ここまでなぜ筆者の思い出話を長々と書いたかというと、この『島津家の戦争』の冒頭が都城島津家に伝わる国宝級文書の紹介から始まるからである。

先ほど、筆者は豊臣秀吉の朝鮮出兵において薩摩島津家のお抱え医師だった中国人の許三官が密かに明朝に対して、出兵計画を事前に漏らしていたこと、さらには明朝の密使として島津家に対して「明軍と合同して、秀吉の朝鮮派兵軍を挟み撃ちにして殲滅《せんめつ》しよう」という寝返りプランを提示したことを紹介した。

戦国時代の薩摩はキリスト教宣教師のフランシスコ・ザビエルが最初に日本の土を踏んだ場所としても有名であったが、彼ら「南蛮人」のみならず、明朝の中国人たちも多く住んでいたことがこの逸事でも分かる。

だが、都城島津家に伝わる「文書」はそれよりも一〇〇年以上も遡る、室町幕府のころに書かれたものであった。それは何と、朝鮮国王（燕山君《えんざんくん》）が琉球王（尚真王《しょうしん》）に与えた国書で、日本国内に残る朝鮮国王の国書としては史上最古のものになるという。

その内容は「琉球の船が朝鮮に漂着したので、その生き残りを貴国に送還する」というものなのだが、なぜ、朝鮮国王の国璽が捺された正式な外交文書が「第三国」の都城にあるのかといえば、それはどうやら当時の東シナ海を我が物顔で航海していた倭寇《わこう》によって奪われたものだったらしい。倭寇はしばらくその文書を「お宝」として秘蔵していたらしいのだが、一五〇年ほど後に、その当時の所蔵者から都城島津家に献上されたものだということが記録から明らかになっている。

もちろん都城島津家と、この倭寇との間には直接の関係はなかったと思われるが、しかし、宮崎南部の盆地に位置する都城が古くから東シナ海を通じて、「世界」に通じていたのは間違いない。

明朝末期の十七世紀には、大陸から今はロケット発射基地で名高い内之浦《うちのうら》に多数の「難民」がたどり着いているのもその一つの表われだと米窪さんは綴る。当時の明国は万暦《ばんれき》帝の時代であったが、内政は権力闘争によって乱れ、それに乗じて満洲の女真族《じょしんぞく》が侵入したり、あるいは秀吉が朝鮮出兵を行なったりしたものだから、それに伴う国防費が増えて、民衆は増税と治安の悪化に悩んでいた。そういう中、新天地を求めて、難民たちが内之浦に上陸し、最終的に都城に安住の地を見出した。この時代、都城には「とじんまち（唐人町）」と呼ばれる居留地が作られたと米窪さんは記す。唐人町と呼ばれる、今日で言うならば「中華街」は九州各地にあって、我が郷里・博多にもあるのだが、しかし、都城のような内陸に中国人居留地が出来た例は少ない。

「国際化により都城の人々は渡来人たちから最新の医療やさまざまな技術を学んだ。都城の学術、文化の水準は世界的なレベルに達していた。もともと山のなかで暮らしていた都城の人々には、造船などの海に関する知識が乏しい。渡来人を受け入れることで、緑の都城盆地は本当の意味で海と結ばれた」と米窪さんは語っているが、おそらくそれは薩摩の島津宗家でも同じであっただろう。

本書の主旨は、南国薩摩の人々がいかに「日本らしさ」とは異なった文化――それは京都のような日本文化の中心から見れば「野蛮」に見えたであろうが――を保持していたか、そして、その野蛮さこそが明治維新という革命を成し遂げる原動力になっていたということを語ることにあるわけだが、日本列島においては「辺境」とされる薩摩は、実は東シナ海という「国際世界」に最も近い地であったという視点は、彼らの「野蛮さ」を理解する上でも重要なポイントであるのは間違いない。そのことを指摘して、本章の締めくくりとしたい。

第11章　西南戦争が終わらせた「長い戦国時代」

西郷隆盛（エドアルド・キヨッソーネ作の版画）

郷士とは何者か

さて、ここまでは奈良時代から戦国時代までの薩摩の話をしてきたわけだが、ふたたび幕末の薩摩に話を戻そう。「薩摩隼人」とも言われている薩摩藩の武士たちの中でも、これまであまり日が当たってこなかった「郷士《ごうし》」階層について述べていきたいと思うのだ。

『広辞苑』（岩波書店）によれば郷士とは「江戸時代、武士でありながら城下町に移らず、農村に居住して農業をいとなみ、若干の武士的特権を認められたもの」ということになる。薩摩藩の郷士もまたこの定義から外れるものではないが、郷士は何も薩摩に限った話ではない。

最もポピュラーなのは「取り立て郷士」と呼ばれるもので、これは藩に多額の献金をしたり、あるいは新田開発をした功績によって、元は農民などであっても苗字帯刀《みょうじたいとう》などを許されることになった者を指す。これは「名誉市民」「名誉白人」みたいな、いわば「名誉武士」であるから、本来の武士とは違って、軍役などが課せられているわけではないし、禄が与えられるわけでもない。

こうした取り立て郷士とは違って、元から武士階層でありながら、城下に暮らさず、ということは、藩経営の実務を与えられるわけではなく、農村地帯で暮らし、自身も農民と同じように暮らしていた武士たちのことも郷士と呼ばれた。薩摩藩の郷士はこちらのほうである。

すでに述べたように薩摩藩は江戸幕府の時代になっても「戦時体制」を維持しつづけ、領内各地に駐屯地とも言える「外城」一〇〇カ所あまりを置いた。その外城を守り、その地域の農民たちを支配するためにいたのが薩摩の郷士であるから、こちらは実態としても、また本人の意識としても「武士」である。

ただし、城下に暮らす武士とは違って、禄米だけで暮らすことはできず、地元の領地を自ら耕し、場合によっては新田の開発も行なって暮らしていた（藩から領地を与えられない郷士もいた）。「半農半漁」ならぬ、「半農半兵」である。そこで城下に暮らす武士（城下士）たちからは軽蔑的に「一日兵児《ひしてへこ》」（一日ごとに武士と農民の暮らしをする者）と呼ばれた。

ちなみに、同じ郷士と言っても、坂本龍馬がそうであったことで知られる土佐の郷士は、薩摩の郷士とはやや経緯が違う。

土佐は戦国時代末期、長宗我部《ちょうそかべ》氏が統治していたが、関ヶ原の戦いで長宗我部盛親《もりちか》が西軍方に属したために領土没収になり、代わって山内一豊《やまうちかずとよ》が領主となった。これによって長宗我部家は事実上、滅亡したために、家臣団は散り散りになった。

上級武士の中にはその才覚や家柄をもって、新主である山内家や、他の大名家に仕官できたものもあったが、元から半農半兵の生活をしていた下級武士（土佐では彼らのことを「一領具足《いちりょうぐそく》」

と言った）は土佐を捨てるわけにはいかない。かといって、彼らは長宗我部の家臣であることを誇りに思っていたので、山内一豊の登場をけっして歓迎せず、幾度となく一領具足による一揆が起きた。そこで山内家では一領具足の懐柔策として、彼ら一領具足を以後、「郷士」として扱う、つまり、階級としては山内家の家臣と同等に扱うということにした。

しかし、このような事情がある以上、「長宗我部の旧家臣も同じ武士である」というのはあくまでも建前であって、実際には土佐の郷士は冷遇され続けた。この点において、薩摩の郷士と土佐の郷士はまったく事情が違う。

すなわち、土佐藩における郷士とはいわば「被征服民」の呼び名であって、山内家本来の家臣（上士）とは「血筋」すら違うと見なされていたわけである。すでに述べたように薩摩藩でも城下士たちは郷士のことを軽蔑的に見ていたが、しかしながら、戦国時代から続く、島津家の家臣である点においては城下士も郷士も同等という建前が貫かれていた。

ちなみに坂本龍馬は土佐藩の郷士であるが、豪商・才谷屋を営んでいた先祖がカネで郷士格を手に入れたので、長宗我部の旧臣ではない。とはいえ、彼が土佐藩を軽々と脱藩できたのは、やはり土佐藩における郷士が、しょせんは被支配層であったことと関係があったのは間違いないだろう。

戦争とは若者の命を食い物にするモンスターである

薩摩藩が郷士という存在を維持し続けたのは、言うまでもなく軍事力を維持するためにあった。この時代における「戦力」とは、どれだけ兵を動員できるかにかかっていた。これはどこの国においても変わらない大原則だが、軍隊、ことに陸軍は「質より量」がものを言う。

ナポレオン・ボナパルトが欧州を席巻できたのも、ひとえに「国民皆兵」の制度を創設して、傭兵、つまりプロの兵隊に頼っていた他国の軍事力を数で圧倒したからに他ならない。このときのフランスの国民兵はみな百姓上がりで、ろくに戦闘訓練も受けていない。だが、そんな素人レベルの兵隊も数さえ集めることができれば、百戦錬磨のプロにも勝てるのである。

その事実を突きつけられたフランス以外のヨーロッパ諸国は、自分たちも「国民軍」を作らないと勝てないと悟った。そして、この国民軍を作るには、国民が主体の近代国家に生まれ変わることが絶対に必要であるとも悟った。ここからヨーロッパ近代史は始まると言っても過言ではないわけで、ナポレオンは戦争を通じて、ヨーロッパに国民国家という思想を普及させた偉人であったのだ。

ことほどさように、戦争とはカネや物資も消費するが、最も消費するのは人間の命である。戦場で死んでくれる人間をどれだけ調達できるかによって戦いの帰趨《きすう》は決まると言っても大袈裟《おおげさ》ではないし、いくらカネや武器があったところで人が余っていないと戦争は行なえない。これこそが万古不易の真実である。

もっと残酷な言い方をすれば、戦争とは若者の命を消耗することによって成立する社会現象であるし、若者が余っていれば、それだけ戦争は起きやすくもなる。

日本の戦国時代が長く続いたのも、その時代、技術革新などによって日本の農業生産力が急激に向上し、その結果として人口が増えたおかげで、その余剰人員を戦力として各大名が徴募することが可能になったからに他ならない。

農業生産性があがれば、それだけ子どもを育てることが可能になる。百姓はたくさんの子どもを作る。子どもはタダでこきつかえる労働力だから、たくさんいたほうがいいからだ。

だが、その子どもが大きくなってオトナになるとどうなるか。いくら生産余力があがったと言っても田畑の面積が増えたわけではない。家を継げるのは長男坊ひとりだけだから、あとは「穀潰《ごくつぶ》し」で、そのまま農村にいたのでは未来は開けない。となれば、足軽にでもなって、何とか戦場で功名を立てるしかない……というわけで、世の中がだんだんきな臭くなって戦争があちこちで起きるようになる。これが戦国時代というわけである。

だからこそ戦国時代を終わらせ、天下を統一した豊臣秀吉、さらには徳川家康がまず行なったのがいわゆる「兵農分離」である。つまり、各藩の戦争遂行能力を失わせるために、武士の数を極端に制限し、下層武士をすべて農民化する。これによって平和な時代を維持しようとしたわけである（ここにおいて、その兵農分離をあくまでも拒んだのが薩摩藩であったのは言うまでもない）。平和を実現するには千万のスローガンよりも、軍縮が一番なのである。それも「人の軍縮」が。

人口増加率が「戦争への危険度」を決定する

これは余談になるが人口増加率が高い国、今の言葉で言えば、出生率が高い国ほど、戦争や内乱が起きやすくなるというのは現代でも変わらない「鉄則」である。このことを私に教えてくださったのは、日下《くさか》公人《きみんど》先生（評論家。日本財団特別顧問）だ。

明治から昭和にかけての日本が日清戦争、日露戦争、支那事変、大東亜戦争といったぐあいに相次いで戦争を行なえたのも、ひとえにこの時代の人口増加率が高くなったからで、明治初年には三〇〇〇万人程度だった総人口が昭和二十年前後には七〇〇〇万人になった。内閣府の統計によれば、昭和五年の合計特殊出生率はなんと四・七二もある（ちなみに人口増加率はだいたい一％前後を推移している。一％というと少ないように思えるが、一〇年経てば一割以上人口増になるのでバカにできない）。

もちろん人口が増えれば、単純に軍隊が大きくなって「好戦的な国」になるというわけではない。戦後のベビー・ブームを見れば分かるように、人口が急激に増えてもそれを吸収するにあまりある経済発展があれば問題はない。

だが、経済が思わしくなく、働き口がなければ、人々は「生存圏」を国外に求めようとするし、あるいは兵隊になってとりあえずの食い扶持《ぶち》を得ようとする。そうなると、あちこちで戦争の火種が生まれてくることになる。

逆にいえば、人口増加率が減少に転じている国では戦争はなかなか行なえない。かつての日本のようにひと家族に子どもが四人も五人もいるのであれば、戦争の一つでも起きてもらわないと次男坊以下は食いっぱぐれるわけだが、今のように一人っ子ばかりになっては、親は子どもを戦場に送ろうとは思わぬものだ。

そう考えると、だから今の自民党政権が憲法に「自衛隊」の三文字を加えたところで、日本がかつての軍国主義に戻ることは事実上ありえないという話になる。ただし、アメリカのようにどんどん移民が入ってきて、その移民の子どもたちが市民権を得るために軍隊に志願するというサイクルを作れば話は別であるが、今の日本の保守政治家たちはかつての巨人軍のように「純血主義」一本槍であるから、今のところ日本は安泰である。

ちなみに今の世界で人口増加率が高い国や地域はどこかというとウィキペディアによれば、トップはなんとカタールで、人口増加率は一〇％を超えている（日本は二一〇位のマイナス〇・〇七％）。

これはおそらくオイル・マネーに惹かれてたくさんの移民が流入しているせいであろうから、いわゆる「人口爆発」とは別と考えるべきだろう（ただ、サウジアラビアなどの湾岸諸国がカタール叩きをやっても、カタールが一歩も引かないのは、人口増加で社会が強気になっているせいかもしれない）。

このカタールに続くのは、リベリア、ニジェール、西サハラ、アフガニスタン、ブルキナファソ、東ティモールと血なまぐさい国が並んでいる。アフリカなどは、内戦に次ぐ内戦で子育てどころでなかろうと思うのは素人考えで、現実は逆なのである。

また、パレスチナは人口増加率は世界一〇位の三・一八％で、一方のイスラエルはずっと下って、世界八一位の一・七〇％。イスラエルは国策として「産めよ増やせよ」を積極的にやっていて、けっして人口増加率が低いわけではないが、「若者供給力」ではパレスチナの後塵を拝しているわけで、イスラエル政府の危機感はさぞや大きかろうと拝察する。

脱線ついでに付け加えれば、中国の人口増加率は世界一六二位の〇・四八％と「普通の文明国」

並みになっている。人口爆発による内乱を恐れるあまりに「一人っ子政策」を推進したがための結果だが、これでは内乱も起きない代わりに、外征もしにくくなっているのが現状だ。もし、大義なき戦争を起こせば、きっと「若者を戦場に送るな」という運動が中国国内で起きるだろう。そんなレベルだ。

その点において隣国インドは世界九七位。人口増加率は戦前の日本とあまり変わらない一・四三％であるから、まだまだ戦争遂行能力があると見るべきだろう。中国に対して今後、インドはどんどん強気に転じるのではないかというのが筆者の見立てである。

明治十年でも維持されていた「薩摩の戦時体制」

さて、いい加減にそろそろ話を鹿児島に戻さなくてはなるまい。

ペリー来航以後、急速に幕府の権威が揺らいできて、公武合体論がにわかに巻き起こってきた中、誰もが注目したのは薩摩藩の去就であった。これは「結果」を知っている現代の我々からすれば、当たり前の話のように思うわけだが、この当時の世間が薩摩の存在を意識せざるを得なかったのは、ひとえにその軍事力、つまりは兵の動員力の大きさゆえであった。

これは後の話になるが、西南戦争のときに西郷隆盛が率いた薩軍（当時の言い方で言えば、賊軍）

の勢力は一万四〇〇〇。当初、これを迎え撃ったのは熊本鎮台にいた谷干城以下の四〇〇〇、そしてその救援に向かった第一旅団、第二旅団の合計五六〇〇名である。いかに出来立てと言っても、正規軍である政府軍の勢力に対して、西郷軍はそれに引けを取らないどころか、当初は圧倒していた。

　このような動員が可能であったのも、この時代においても鹿児島では江戸時代以来の「戦時体制」が維持されていたからに他ならないし、また事実、この西南戦争においては多数の郷士が戦闘に参加していた。もし、鹿児島が他の藩のように「兵農分離」を行なっていた地域であったとしたら、これだけの動員は最初から不可能で、実際、西南戦争の前に起きた神風連《じんぷうれん》の乱や、萩《はぎ》の乱は小規模な挙兵に終わっている。

　もちろん、西南戦争が起きた明治十年において、日本にはもはや「藩」は存在しなくなっていて、明治政府から派遣された「県令」が藩主の代わりにその地方を統治していた。したがって戊辰戦争のときに活躍した鹿児島の藩兵組織も解体されていた。

　鹿児島にも大山綱良が県令として派遣されていたが、明治六年に征韓論争がきっかけで西郷たちが下野し、こぞって鹿児島に戻ってくるや大山は、言うなれば鹿児島県をそっくり西郷たちに譲り渡してしまい、鹿児島はあたかも独立国家のごとくになった。

このときに行なわれたのが（それが誰の知恵によるものかは分からないが）、鹿児島全体の統治システムを旧幕時代に戻すことだった。つまり、西郷たちはいったんは解体された郷士システムを再構築することにした。そして、その中心となったのが、かの有名な「私学校」であった。

驚くべき岩倉使節団

筆者は今、この原稿を書くために明治維新の年表を改めて眺めてみたのだが、何度見てもぎょっとさせられるのは、日本の近代化・西欧化を決定づけたとされる岩倉使節団が明治四年に日本を出発したという事実だ。

幕府軍との戦い（戊辰戦争）が終わったのはわずか二年前の明治二年、江戸を東京と改称し、その東京に遷都したのも、版籍奉還を断行して、それまでの幕藩体制を完全に解体し、新政府が名実ともにスタートしたのもその同じ年のことである。

その新政府発足から二年後に、岩倉具視や大久保利通、木戸孝允ら政府首脳らがこぞって欧米視察の旅に出立したということは、すなわちこの段階で「もはや『反革命』勢力は恐れるに足りず」と見極めたということに他ならない。言い換えるならば、わずか二年でそれまでの各藩が持っていた軍事力をすべて解体して、非武装化したという了解があってこそその使節団派遣であったということになる。

ことに戊辰戦争において朝廷側に叛旗を翻《ひるがえ》した諸藩、その中でも最後まで徹底抗戦した東北諸藩の「戦後処分」が完璧に終わり、もはやそこから反乱軍が起きてくる心配はないという判断がそこにあったのは言うまでもないだろう。岩倉や大久保、西郷隆盛などはその点において、けっして判断を過つような男たちではない。「旧勢力の牙を完全に抜いた」という揺るぎない確信がそこにあったはずで、その判断は今日から見てもけっして間違ったものではなかったと思う。しかし、それにしても内戦終結からわずか二年で国内を安定化したという事例は世界史上においても、ほとんど類を見ないのではないか。そのように見ていくと、近代日本が行なった革命、すなわち明治維新の手際の良さと徹底ぶりには感嘆するしかない。

しかしながら、これだけ鮮やかな手腕と洞察力を発揮した新政府首脳たちにおいて、見抜けていなかったのは、今後「第二革命」が起きるのではないかという予見であった。

革命は二段階で起きる

歴史用語で「第二革命」というと、主に辛亥《しんがい》革命のプロセスで、袁世凱《えんせいがい》政権を打倒するために孫文《そんぶん》ら国民党勢力が起こした一連の軍事蜂起を指すのが一般だ。

ご承知のとおり、一九一一年に始まった辛亥革命において、清国は滅亡し、その皇帝である愛《あい》新覚羅溥儀《しんかくらふぎ》が退位して中華民国が成立した。この辛亥革命がモデルとしたのが日本の明治維新であることは言うまでもない。

だが、この辛亥革命では本来、共和国を作るはずだったのに、清朝の有力者であった袁世凱がその実権を握り、革命派を弾圧しだした。要するに袁世凱は中華民国という名前の新王朝を作ろうとしたのである。それに対して、孫文らの革命派たちが国民党を結成して、袁世凱「王朝」打倒の軍事蜂起を行なったわけだが、この第二革命は失敗し、袁世凱を追放するにはさらに長い時間と多くの血を流すこととなった。

この辛亥革命の例でも分かるように、たとえいったん成功しても、それで革命は完遂するものではない。いや、むしろたった一回の蜂起によって革命政権が樹立されて、それでハッピーエンドに終わるというのは稀な例である。

ものすごく単純化していえば、革命には二つの要素があって、一つは前政権の打倒、もう一つは新政権の確立である。前政権を倒すだけでは革命とは言えず、新たな価値、時代精神を提示し、強固な支配システムを作り上げた新政権の発足でようやく革命が完遂したと言える。

たとえば、フランス革命を例に取れば、一七八九年七月十四日に起きたバスチーユ監獄襲撃から始まった革命は一七九三年、ルイ十六世の断首によっていったんは区切りを迎えたかに見えた。

しかし、そこで生まれた共和政はけっして一枚岩ではなく、その混乱の中、ジャコバン派が恐怖政治を行ない、それに対して今度は一七九四年、テルミドールのクーデターが起きて、ロベスピエールらジャコバン派たちが粛清されるという大混乱が起きる。

結局のところ、こうした革命後の迷走や混乱が収束するのにナポレオン・ボナパルトの登場を待たねばならなかったのはご承知のとおりである。人はナポレオンの姿にフランス革命の精神そのものを見出し、彼という「国民統合の象徴」のもとに新生フランス共和国が結集・誕生した。革命はフランスにおいても二段階で進行した。

ここでは詳述するいとまはないが、ロシア革命においても、アメリカ独立革命においても、さらに中華人民共和国においても革命は二段階で起きている。

ロシアでは一九一七年の二月革命においてロマノフ朝が打倒されたが、そこから強力な新政権を作り出すには同年の十月革命を待たねばならなかった。アメリカの場合は一七七六年、緩やかな連合国家という、一種の妥協によってアメリカ合衆国が誕生したが、それが本当に一つの国家になるには、それから約一〇〇年後に起きた第二革命である南北戦争を待たねばならなかった。

中華人民共和国の場合は他の革命とはやや異なっていて、国共内戦に勝利した国家指導者である毛沢東《もうたくとう》自身が「文化大革命」という形の第二革命を起こすことで、共産党指導部内の「反党分子」を追放して、革命を完成した。

文化大革命の評価についてはいろいろな側面から検討されるべきだが、少なくとも文化大革命なかりせば、毛沢東が死去したのちに中華人民共和国は――かつて始皇帝が亡くなった直後に秦《しん》帝国が瓦解したのと同じように――四分五裂したであろうと筆者は見る。

大隈や江藤たちの考えた「第二革命」

そこで話を明治初頭の日本に戻せば、たしかに新政府は革命の第一段階までは達成していたのだ。だからこそ、あの慎重さで知られる大久保でさえ、三条実美《さんじょうさねとみ》や西郷、井上馨《いのうえかおる》らに留守政府を任せて外遊するという決断ができた。廃藩置県によって、江戸時代の統治機構は完全に解体され、かつての大名たちは武装解除され、そのほとんどは東京で暮らすことになっていたので「反革命」の狼煙《のろし》が上がる心配はない。歴史はもう後戻りすることはない――その判断は実に正しかったと言えるだろう。

だが、あの大久保にして判断を誤ったのは、いったん始まった革命運動のモーメントはけっしてストップしたわけではない、つまり今後「第二革命」が起きるかもしれないという危険性であった。

事実、新政府の内部にはすでに「第二革命」の火種が、大きく言って二つ、くすぶっていたのである。

その第一は大隈重信《おおくましげのぶ》、板垣退助《いたがきたいすけ》、江藤新平《えとうしんぺい》らを中心とした動きである。彼らはもちろん明治維新の理念には賛同して、新政府において貢献をしようという志を持っている点においては大久保や西郷たちと共通ではある。

だが、彼らから見れば、革命はけっして完遂されたとは言えなかった。なぜならば、新政府の要職は天皇に近い公家たちはともかくも、あまりにも薩長閥によって独占されていた。これでは徳川家の代わりに、薩長が政治の中心に移ってきただけのことで、政治の実態は何にも変わっていないではないか、というのが、彼らの「公憤」である。

もちろん、その公憤の陰には私憤も、ある。ことに江藤新平のように才気煥発で、カミソリのような知性を持った男からすれば、大久保や西郷、木戸らのやっている施策はいずれも妥協的で、生ぬるい。「乃公出《だいこうい》でずんば」、我らが政府を主導していけば、もっと理想的・効率的な統治機構ができるのに、という歯がみするような思いがそこにあり、「自分は正当な評価をされていない」という不満がある。

もちろん、大久保もそういった彼らの不満に気がついていないわけではない。だから岩倉使節団として日本を離れるときに、留守政府に対して「内政改革については使節の帰国後に行なう予定であるから、使節不在の間はなるだけ新規の改正は行なってはならない」、つまり既定路線を守るだけにせよと釘を刺した。

ロベスピエールになりそこなった江藤新平

だが、「既定路線を守れ」という方針は、どのようにも拡大解釈はできる。「大久保や木戸がいたならば、きっとこの政策を行なったに違いないのだから、既定の方針の精神を受け継いでいるのだ」というロジックで、新規の政策を行なうことはいくらでも可能だ。

事実、大隈重信は大久保が留守であるのを幸いに、若手の大蔵官僚たちをたきつけて殖産興業策をさかんに論議しだしたし、また司法省を預かっている江藤新平もまた積極的に法制度の改革を推し進めようとして諸方面と軋轢《あつれき》が生まれていた。

およそ第二革命は第一革命に比べれば、より改革は先鋭になり、急進的になるという性質があるものだが、明治新政府においてもそれは例外ではなかった。大隈や江藤たちの先鋭さ、過激さを放置していたら、そこからロベスピエールのような恐怖政治が起きないとも限らなかった。

慧眼《けいがん》の大久保は留守中に、こうした若手官僚たちの跳ね上がりや暴走が起きることも見越していたので、それを抑止するための「仕掛け」を講じた。それが西郷隆盛である。西郷という超重量級の存在があれば、いかに若手たちが第二革命を仕掛けようともそれを食い止められる。

およそ革命を成功させるためには単に言論の力やイデオロギーがあればいいというものではない。それと同時に警察や軍隊といった暴力装置をも手中に収めないといけない。西郷がいるかぎり、第二革命は起こしようがない。だから大隈や江藤たちがいかに暴れようとも、新政府が乗っ取られることはまずありえないと大久保は踏んだ。

事実、これは使節団が帰国した後のことになるが、明治六年の政変の結果、江藤新平が下野しても大久保は少しも動じなかった。江藤の故郷である佐賀は、たしかに旧幕時代には最新鋭の武器を擁した軍隊を持っていたが、すでにそれは解体されている。

いかに江藤が新政府に叛旗を翻《ひるがえ》そうとも、その手足となる軍隊が作れないのでは恐るるに足りない。江藤は明治七年二月に挙兵し、佐賀の乱を起こすことになるが、実際に蜂起した士族の数はせいぜい数百名であったろうと言われていて、これでは「軍隊」の体をなすこともできない。事実、わずか一ヵ月でこの反乱は鎮圧され、捕らえられた江藤は現地で処刑されることとなった。江藤はついにロベスピエールになることはできなかった。

ちなみにこの江藤の失敗を見た大隈重信は、第二革命を政治闘争によって行なおうと考えた。それがいわゆる自由民権運動で、国会開設、憲法制定という大義名分でもって新政府を揺さぶり、あわよくば転覆しようとしたのだが、暗殺された大久保の跡を襲った伊藤博文が先手を打って、「国会開設の詔《みことのり》」（一八八一年）を出したものだから、大隈の考えた第二革命も頓挫することになる。

というわけで、話が長くなったが、明治四年の岩倉使節団が出発するに当たって、新政府の柱石とも言える大久保がそのメンバーに安心して加われたのも、たとえ長期にわたって自分が日本を留守にしても、第二革命が起きる心配は皆無であると確信したからであるし、かりにクーデターが起きたとしてもそれは簡単に鎮圧できると考えたからであった。そうでなければ大久保ほど慎重な男が日本を離れるわけがない。

大久保さえ想像できなかった「火種」

だが、その大久保をしても想像ができなかったのが、盟友である西郷隆盛が「第二革命」の棟《とう》梁《りょう》となるという事態であった。

岩倉使節団の留守を預かっていたはずの西郷がなぜ、征韓論を唱えるに至ったのか、そしてその真意がどこにあったのかは、永遠の謎と言ってもけっして過言ではない。

常識で考えれば、明治初年の段階、つまり日本が近代軍をようやく構築しだしたという段階で外征を行なうというのはどうみても無謀としか言いようがない。何しろ、朝鮮は海の向こうにあるのに、どうやって兵を運ぶというのか。

また、国際常識から言っても、いかに朝鮮の王朝が日本を軽侮するごとき言動をしているからといって、それが戦争を起こすという大義名分になるはずもなく、日本の朝鮮出兵はただちに諸外国――ことに朝鮮の宗主国である清朝――からの干渉を招くのは目に見えている。そのことは西郷自身もよくわきまえていて、だから「まず自分が単身、朝鮮に乗り込んで、彼の地で殺される。そうすれば出兵の大義名分ができる」という暴論を吐いていたほどだ。

しかし、西郷ほどの男が乱心して、このようなことを言っていたとも思えない。そこで筆者が考えるのは、やはり「第二革命」なのである。つまり、維新回天の業をなしたと世間から尊敬された西郷は、内心忸怩《じくじ》たる思いをしていたのではないか。

たしかに明治新政府は生まれ、着々と新しい統治機構が作られようとしている。だが、はたしてこれをもって「革命、成れり」と言っていいのか。自分たちが考えた「新しい日本」とはこの程度のものであったのか――本質的に革命家であり、政治家ではなかった西郷はさらなる革命を欲していたのではなかったのか、と筆者は思うのである。その点において、西郷と毛沢東は似ていると思う。残念ながら、西郷には毛沢東のような非情さと権力欲は欠けていたのだが。

なぜ、薩摩だけが西南戦争を起こせたのか

明治十年に起こった西南戦争で、その「首魁《しゅかい》」となった西郷隆盛がはたして何を目指していたのかは歴史上の謎と言っても過言ではない。その直接的な原因となったのは、薩摩出身の警察官僚トップであった川路利良《かわじとしよし》が、いわば独立国家となっていた鹿児島に密偵を送り、その密偵が捕まって「西郷暗殺計画」なるものを白状したことにある。

はたして西郷を暗殺する計画が本当にあったのかは定かではない。が、おそらくそれは拷問に遭った密偵が無理矢理に言わされたことであっただろう。だが、その「告白」が燎原《りょうげん》の火のごとく広がったために、西郷も動かざるをえなくなった。

と言っても、西郷自身は内戦など行なうつもりは最初からなく、あくまでも「新政府の、鹿児島に対する意向を糺《ただ》すため」の上京であるという名目を掲げていた。

しかし、西郷の幕僚である桐野利秋《きりのとしあき》たちは「このままでは薩摩の士族が成し遂げた維新の功業はすべてなかったことにされるであろう」という危機感を持っていたし、また、それに対する新

政府の側も「絶対に内乱を起こさせない。ましてや、その内乱が全国に広がるようなことがあってはならない」という覚悟を持っていたから、西郷の「上京」がかりに平和的な意図を持っていたとしても内戦は起こるべくして起きた。もはや事態は西郷のコントロールを超えたところで動いていた。

――というのが、通常、西南戦争に対して語られる物語であるわけだが、しかし、これはあくまでも皮相の説明であって、「なぜ西南戦争は薩摩から起きなければならなかったのか」という本質の説明には達していないと思うのである。

版籍奉還、廃藩置県などによって、その特権を奪われた士族は何も鹿児島だけにいたのではない。日本中に不平士族はいたが、しかし、その怒りを「内戦」という高温にまで燃え上がらせたのは鹿児島だけであった。そのことを考えておく必要があると思う。

では、なぜ鹿児島だけがそれが可能だったのか。

その最も大きな理由は、この明治十年という時点において戦国時代以来の「徴兵システム」が残存していたのが鹿児島だけであったことにある。

西南戦争以前に起きた地方士族の反乱（たとえば佐賀の乱、秋月の乱、神風連の乱）などがいずれもたやすく鎮定されてしまったのは、要するに反乱軍の勢力があまりにも貧弱であったからに他ならない。新政府に対する怒りにおいては、他の乱の首謀者たちと西南戦争のそれとはレベルにおいてはさほどの違いがあるわけではない。だが、他の乱の首謀者たちにはその手足となる兵があまりにも少なかった。

これに対して、西南戦争の場合、密偵逮捕から挙兵までのわずか一ヵ月の間に一万数千もの軍団を構成することができた。戊辰戦争が終わり、すでに一〇年近くが経過したこの時期に、しかも士族という「階級」はあったとしても、藩はすでに解体され、その士族たちを統御するシステムが破壊されていたこの時期に一万もの人間を集めて、軍団を作れたというのは鹿児島ならではのことであった。

もちろん、このように急ごしらえであっても軍隊を作ることができた理由としては、第一に西郷以下、幕末から戊辰戦争に至る、数々の戦闘、戦争への参加者が鹿児島に集結していたこと、また、第二にかつての藩主の屋敷（城）跡に「私学校」という、独自の教育機関を持ち、そこで歩兵や砲兵の訓練を行なっていたということが挙げられる。だが、それらはあくまでも指揮官レベルの話であって、戦争は指揮官だけでは行なえるものではない。大事なのは兵卒である。

まだ生きていた「戦国時代の動員システム」

言うまでもないが、人間は誰しも平和を願うものであり、よほどの危機感や使命感がないかぎり、自ら好んで兵になるものはいない。最後に戦争が起きたのは一〇年近くも前のことであり（戊辰戦争）、今さら「もう一回戦争をするぞ」と言われて、喜んで参集する兵卒は普通ならばいない。それは鹿児島とて同じである。

が、この鹿児島は他の地方と違って、すでに本書でも説明したように、戦国時代より営々と「戦時体制」を維持してきた国柄であった。つまり、その領土の中に一〇〇以上もの外城（駐屯地）を維持し、それぞれの外城には自給自足で戦士たちが生活を営んできた。また、その戦士たちの使用人たちはみないざとなったら兵卒（足軽）として戦場に駆け付けるというシステムが維持されてきたのであった。

幕末期、国父である島津久光に従って、あるときは公武合体のため、あるときは倒幕のために幾度となく京都に出兵してきた。その戦力は同じ京都に駐留する、どの藩よりも大きかったが、このように臨機応変に大軍を編制できたのは、ひとえに薩摩藩が、曲がりなりにも三〇〇年近くも戦時体制を維持しつづけたおかげであった。つまり、藩主の号令一つで、城下に住む侍（城下士）のみならず、外城からもスムーズに動員できたというのが、薩摩藩の強さの秘密であったのだ（もちろん、それと同時に、戦争の筋肉であるカネが潤沢にあったことも忘れてはならないわけだが)。

もちろん、廃藩置県(明治四年七月)によって、長年にわたって続いた各藩の軍事組織は解体されることになったわけで、それは鹿児島もまた例外ではなかった。明治六年に発せられた徴兵令によって、国家を守る兵は士族のみならず、平民からも徴募されることになった。新政府のこれらの施策がその通り行なわれていたら、鹿児島とて一万を超える兵を集めて決起することはできなかったであろう。

だが、鹿児島の場合、明治六年に起きた政変によって征韓論を唱えた西郷隆盛が下野すると、それに従う多数の官僚や軍人が鹿児島に帰還し、鹿児島の県政はほぼこれらの「不平士族」たちが握るようになった。中央政府から派遣された県令・大山綱良はそうした動きを阻止するどころか、積極的に彼らの援助をする側に回った。大山は徴収した税金を中央政府に納めなかったし、また、帰還した士族たちを次々と県の官吏に登用したので、鹿児島はあたかも独立国家の様相を呈することになる。

こうした中、本来ならば消えてなくなってしかるべきであった外城制度も維持されることになる。西郷たちの経営する「私学校」から、各地の外城(麓)に人間が派遣され、それぞれの地区・地域も私学校の管理下に置かれた。つまり、旧藩時代の統治ネットワークがここに復活したのであった。

だからこそ、明治四年の廃藩置県の時に解体された薩摩軍が六年の空白期間を経てもなおスムーズに復活できた。もちろん、そうして徴募された兵士の中には「なぜ今さら、戦争をしなければいけない」とそれを拒否した者も少なくはなかったらしい。だが、その一方で戊辰戦争のときには幼くて、参加することができなかった若者たちも多かった。「革命に乗り遅れた」彼ら若者にとって、この挙兵が血湧《ちわ》き肉躍《にくおど》るものに見えたとしても不思議はない。ある研究によれば、戊辰戦争などに参加した老兵たちのかなりは、「もう戦争はこりごりだ」と言って参加しなかったという。

戦争には略奪が付き物である

と言っても、こうした「兵役拒否組」が戦争を嫌い、平和の重要性に気付いた人々であると考えるのは、それはいかにも今日風の解釈である。彼らが「もうこりごり」と思ったのは、何も平和を好んだからではなく、「せっかく苦心惨憺《さんたん》して戦ってきたのに何も得るものがなかった」という思いがあったればこそである。

およそどこの国の「革命」でも共通して見られるのは、革命に成功した新興勢力が旧勢力の富を奪い、乗っ取り、我が物とするという風景である。

フランス革命でも、暴動を起こした市民たちは王族たちの屋敷や特権を持っていた教会に乗り込み、そこにあった財宝や食物を奪い尽くし、そして王族たちや坊さんたちの首を次々と刎《は》ねていった。もちろん革命である以上、そこには大義名分がなければならないわけだが、それを実行する人々にとってはその理想が実現するかどうかよりも、まず大事なのは自分たちが豊かになれるかどうかである。あるいは、かねてから憎らしいと思っていた連中を突き飛ばし、辱め、苦しめ、最後に殺すという快感を得られるかどうかが肝心なのである。革命は血を求め、富を求める。

いや、これは革命に限った話ではない。戦争においても、勝者は敗者から奪い取り、敗者を辱めようとする。それが悲しいかな、人間の性《さが》である。

しかしながら、日本の明治維新において、それに参加した兵たちにとって「勝者の余沢《よたく》」はあまりにも少なかった。中でも当時の富の中心であった江戸は無血開城となったものだから、市街戦のどさくさに紛れて、戦争に付き物の略奪や放火、あるいは婦女暴行といった乱暴狼藉《ろうぜき》を行なうことはほぼ不可能であった。もちろん、戦乱に乗じて、そうしたことを行なった不心得者はあったに相違ないが、戦闘全体としてみたら、そうしたことはほぼ絶無であったと見るべきであろう。

こうして平和裏に首都の受け渡しが行なわれたことは、後に禍根を残さなかったという意味で、まことに誇るべきことではある。また、もし江戸が火の海となり、首都の統治システムが完全に崩れ去ったとすれば、その後の新国家建設はまことに容易ではなかっただろうし、欧米列強の介入をも許すことになったであろうから、西郷隆盛と勝海舟が気脈を通じて、江戸の無血開城を実現させたのは、維新史の中でも特筆大書に値する決断であったと言えるだろう。

だが、こうしてスムーズな権力移譲が行なわれたことで「犠牲」となったのは、薩摩から陸路、海路を経て京に上り、東海道を下って、江戸まで進軍した末端の兵士たちであった。ひじょうに下世話な言い方になるが、大政奉還、新国家建設などといったことでは飢え、疲れた兵士の腹は膨らまない。彼らがリアリティを持って望んでいたのは、天下の富と権力が集まる江戸の住人となることであったはずである。いや、かりに懐かしい故郷に帰るとしても、せっかく江戸まで進軍してきたのだから、一時なりとも旗本たちの贅沢な暮らし――白いコメをたらふく食い、白く柔らかい布団にくるまってぬくぬくと眠り、それもできることならば、高貴で上品な女人と同衾《どうきん》してみたいという夢を、疲れたその心のうちに秘めていたはずである。

しかし、その夢は叶うことはなく、彼らは郷里に帰還する。戦利品もなく、報奨金もなく。

英雄の心をあえて忖度する

いや、そういう中で、一握りの人間たちは東京に残った。それは誰かといえば、言うまでもない、「維新の元勲」と呼ばれる一部の指導者たちであり、新政府で働く官僚たちであった。彼らは戦争が終結したあとも故郷に戻ることなく、そのまま新政府の中枢に残り、新しい首都となった「東京」に居を構えた。鹿児島においては、その代表格は言うまでもない大久保利通である。「結局のところ、我々は騙されたのである」と、薩摩の兵士たちが考え、恨みに思ったとしても、それは不思議ではない。もちろん、大久保利通や西郷隆盛たちが兵士たちに向かって、「幕府を倒したら江戸は我らのものである」とアジテートした事実はどこにもない。また、大久保たちが豪壮な邸宅（実際にはそこまで豪壮ではなかったのだが）を建てたというのも、それは内外の要人たちと会談する必要に迫られてのことであったからなのだが、しかし、鹿児島という南の地に暮らす、かつての部下たちにはそのような事情が飲み込めるわけもない。

西南戦争の原因を考えるときに、筆者はこうした感情的要素を抜きにすることはできないと思っている。いや、これを単に感情として片付けるのも、彼らに気の毒なような気もする。

事実、官軍の兵士たちは幕府という「既得権益」をぶっ潰すために出兵したわけであり、その奪い取った権益の一部なりとも手に入るに違いないと信じたのを「愚かなこと」とは言えないと思っている。多くの兵士は新生日本のために戦ったというのではなく、意識の上では「薩摩の武士」として戦ったのだ。たとえ個々の人間に見返りがなくとも、せめて薩摩藩全体が潤う、何かを得てもいいではないかという思いは消せなかったであろう。

おそらく西郷はそうした薩摩兵たちのルサンチマンを誰よりも敏感に感じたはずである。と言っても、薩摩兵への「分け前」を求めて西郷が挙兵したと言うつもりはない。ここから先は、「英雄の心を忖度《そんたく》する」という難事になるのであるが、西郷にとって、敗北は必至である戦争指導者に担がれ、死ぬことで、こうした末端の兵士たちやその家族たちの無念の心を受け止める以外に方法はないと思ったのではないかと考えるし、また、それと同時に、新政府に対して匕首《あいくち》を突きつけて、「この程度で維新が終わったと考えるなよ」と諭したかったのではないか。西郷が「征韓論」を唱えたのは、一説によれば朝鮮にも「維新」を起こしたかったからだと言われている。彼にとってはアジア全体の革命なくしては、明治維新をやった意味がなかったのかもしれず、日本一国のことしか眼中にない新政府のあり方に大いなる不満を抱いていたのかもしれぬ。

いずれにせよ、戦国時代において作られた薩摩という一種の軍事国家はこの西南戦争をもってついに終焉《しゅうえん》のときを迎えることになった。日本列島の南端で続いていた「戦国時代」がようやくここで終わった、と言っても許されるのではないか。

なぜ西郷隆盛には「墓」があるのか

明治十年の西南戦争は、薩摩軍の徹底的敗北で終わった。熊本から宮崎を経て、鹿児島市内の城山に追い詰められた西郷隆盛は参謀であった別府晋介《べっぷしんすけ》に「晋どん、晋どん、もう、ここでよかろう」と言い、将士が見守る中、悠々と宮城に向かって遥拝《ようはい》したのちに、儀礼に従って腹を切った。介錯を行なったのは別府で、別府もその場で自刃したと伝えられている。西郷の右腕として最後まで従軍した桐野利秋らは敵である官軍に対して果敢に進撃したが、もはや勝ち目はない。桐野は土塁にこもって勇戦したが、最後は額を打ち抜かれて戦死したという。西郷隆盛、享年五十一。桐野利秋、享年四十。

古今東西、政府に対して反逆を行なった者の遺骨や遺体はどこに葬られたか分からないように始末されるのが通例である。墓があるとそこに信者たちが集まり、神格化が進むのを当局が嫌うからである。

二〇一八年に処刑された麻原彰晃《あさはらしょうこう》こと松本智津夫《ちづお》の遺骨が宙に浮いたままの形になっているのも、同じような事情によるものだ。だが、西郷やその側近たちである桐野たちに対して、新政府はきわめて丁重に扱い、今日「南洲墓地」と呼ばれる、錦江湾を見下ろす高台に彼ら関係者二〇二三名を合祀した。

これを行なったのは土佐出身の鹿児島県令であった岩村通俊《いわむらみちとし》と言うが、もちろん大久保ら新政府の許可がなければありえない措置であった。ちなみに佐賀の乱を起こした江藤新平は生きて捕まったのちに、ただちに処刑され、その首はさらしものにされている。

西郷たちに対する一種の「優遇」は、彼らを逆徒として辱めれば、かえって薩人たちの不満が高まり、第二、第三の西南戦争が起きるかもしれないという政治的判断もあったろうし、また、維新第一等の功臣である西郷をいずこか分からぬ無名墓に葬るにはさすがに忍びないという、大久保らの思いもあったに相違ない。

しかし、実際のところ、前者、すなわち第二、第三の西南戦争が起きるという可能性はほとんど皆無に近かった。というのも、西南戦争が終結した後、それまで鹿児島に限って延期されていた秩禄処分が行なわれたために、藩からの禄を食《は》んでいた城下士たちはみな貧困化して、反乱どころではなくなったからである。

逆転した城下士と郷士の生活

ここに明治二十二年、鹿児島に赴任した青年教師の手記がある。彼の名前は本富《ほんぶ》安四郎と言い、新潟県長岡出身の男である。この年の春、東京英語学校（杉浦重剛《すぎうらじゅうごう》が設立）を卒業したばかりの二十五歳であった。

この本冨は二年半、薩摩の地に滞在して小学校で教鞭《きょうべん》を執《と》ったのだが、その間の経験を詳細にまとめて後に『薩摩見聞記』（東京神田・東陽堂、明治三十一年）として出版している。西南戦争から一〇年あまり後の鹿児島を知るにはまたとないテキストであり、その分析は二十代の若者とは思えないほど、鋭い。このテキストを教えてくださったのは、恩師・中村明蔵先生である。

同書の中で本冨は、鹿児島の城下士たちの窮状を次のように記している。

藩政時代は豊かな禄を与えられ、ことに仕事をしなくても安楽に日々を過ごしていた城下士たちも、今日では他藩の士族たちと同じく、生活苦を免《まぬか》れない。鹿児島の場合、維新以来、各地で転戦して討ち死にした人も多いところに加えて、西南戦争にてさらに多数の壮士が滅びたので、当主を失った家も多い。幸運にも藩閥の力で職を得た人もいるが、その一方で乞食同然の生活を送っている人も少なくない（現代語に意訳。以下、同）。

江戸時代に藩から与えられていた給与を全廃し、その代わりにわずかな額の現金や公債を与えることにしたのが秩禄処分であることは第6章でも述べた。士族、そして華族への給与は当時の政府予算の四割を占めていたから、その廃止は急務であった。

そこで全国の士族に対して、わずかな額の現金や、利回りの低い公債を「手切れ金」として交付することにしたわけだが、これをすぐに換金して、「士族の商法」を行なおうとした者は多かった。これもすでに述べたことだが、そもそも武士という、まったく商人とは対極にある生き方をしてきたものが、簡単に商売などできるはずもない。

もちろん、その多くは失敗したのだが、鹿児島の場合、そもそも大黒柱となるべき主人が死んで、年寄りと女子どもしか残っていない家庭が無数にあったから、その貧苦は他の藩よりも酷かったろう。

「乞食同然」と本富は記しているが、それはけっして誇張ではあるまい。

だが、こうした苦難にあったのは薩摩の士族全員ではなかった。先ほどからたびたび文中に出てくる「城下士」、つまり、鹿児島市内に暮らしていて、城から俸禄を与えられていた武士たちはたしかに着の身着のままの生活に落とされたが、しかし、地方に暮らす郷士たちはまったく違った。

というのも、すでに述べたように薩摩藩における郷士は戦国時代さながらに、平時のときには自らの領地を耕して生活しながら、ひとたび召集があれば鎧兜《よろいかぶと》に身を固め出陣できるよう、武士としての鍛錬も忘れないという生活を二百数十年も続けてきた人々である。江戸時代、日本列島全体では人口のわずか数%しか、武士はいなかったが、薩摩藩においては何と四人に一人が武士であった。その薩摩の武士のほとんどが郷士であったというわけだ。

さて、この薩摩の郷士たちは秩禄処分が行なわれたことによって貧しくなるどころか、かえって豊かになった。というのも、秩禄処分はその名のとおり、「禄」を廃するという政策である。その点、郷士たちは藩から毎年の禄を与えられるわけではなく、自分たちの食い扶持はそれぞれの領地からの「上がり」で賄《まかな》っていけとされた人々である。だから、郷士たちにとって秩禄処分で収入源が断たれるということはなく、それどころか、それまでは藩から貸し与えられていた領地の私有権が認められることになったので、むしろ、財産持ちになったのだ。

このことを本富は次のように記す。

しかるに外城士族（郷士のこと）はもとより土地をもらい、自ら生活の道を立てていたので、廃藩が行なわれたとて、何ほどの影響も受けず、かねてから親しんでいた農業にて豊かに日々を送っている。だから、今、外城士族の生活を見れば、依然としてその旧宅に暮らしており、町並みも変わらず、廃屋や空き地を見ることは稀である。

つまり言い換えるならば、西南戦争後の鹿児島は、戦後二〇年あまりを経てもなお、城下町は廃屋や空き地だらけであったということだろう。

昔は陪臣・郷士と侮られ、「一日兵児《ひしてへこ》」（ヒシテとは隔日のこと。つまり、ある日は武士、その翌日は農民として暮らす人のこと）と嘲《あざけ》られて、自らもそれを恥と感じていた境遇も今ではかえって幸福となり、その生活もむしろ城下士族よりも豊かとなった。

政治から経済まで士族が把握

著者の本富は東北出身だから、この鹿児島の様子は東北とはまったく違うと驚きをまじえて書いている。

東北において士族と言えば、ほとんど貧民の代名詞のようなもので、中には士族でありながら平民を名乗るほうが都合がいい場合も少なくない。しかし、薩摩においてはいまだに万事万端、士族でなければ夜も明けぬありさまである。（中略）薩摩においては士族は単なる名誉の称号ではなく、士族であることは実利をもたらす。たとえば、宿屋に泊まる際に士族と書けば、その待遇や接客は平民よりは丁重になる。自分（本富）のような貧乏士族の出であっても、薩摩ではいまだに殿様扱いで、実に面白い体験をした。

このようなわけだから、自然、西南戦争後の鹿児島では要職をことごとく士族が占めることとなった。

だいたいにおいて西日本においては士族の勢力は盛んではあるが、薩摩はそれが極端で、公共の事業は大小にかかわらずすべて士族の掌中にある。国会議員、県会議員、市会・村会議員、県庁、郡役所、村役場、警察、裁判、登記、山林といった諸役所の役人から、高等中学、師範学校の生徒、小学校の教員に至るまで、その九分九厘までは実に士族に占められている。現に鹿児島選出の国会議員七人のうち、一人の平民もいないし、そもそも平民の立候補者さえいない。

我々の「歴史常識」（いや、小生だけの常識かもしれないが）では、明治維新後も士族や華族たちが社会の中核にあって、平民はその専制の下にあえいでいたというイメージを描きがちなのだが、実はそうではない。没落する士族と、上昇する平民のドラスチックな変化が日本中で起きていたのだ。ただし、鹿児島を除いては。

本富の『薩摩見聞記』が貴重なのは、そのことを単なる印象で記すのではなく、その裏付けをきちんと出しているところだ。

彼は各地の県議会議員における士族と平民の数を比較して、鹿児島だけが議会を士族が占めていることを明らかにしている。

すなわち、神奈川県議会においては士族はわずか一人に対して、平民議員は五六人。本富の出身地の新潟県においては士族議員四人に対して、平民議員は六〇人。東北において最も士族の数が多いのは青森県議であるが、それでも士族一二人に対して、平民は一八人と平民が優勢である。

しかるに鹿児島県議会はどうであるかといえば、三七人の士族に対して、平民はわずか三人しかいない。

ちなみに当時の制度によれば、被選挙権を与えられるのは地租一〇円以上、選挙権を有するのは地租五円以上を納めている人間に限られた。つまり、土地を所有している人間だけが選挙権を持っていたことになるから、「藩のサラリーマン」であった士族階層には先祖代々の所有地など、あろうはずがなく（彼らが住んでいた家屋敷も、基本的には藩からの貸与である）、したがって選挙権・被選挙権を有していた士族はごくわずかで、その点、地租改正で土地を与えられることになった農民たちのほうが参政権を有していたことになる（もちろん、その主たるものはかつての庄屋や名主であるが）。だから、どこの県でも平民の声が強く、士族の声は弱かった。だが、鹿児島のみは郷士たちに土地が与えられたので、いきおい議会においても士族が中心になったというわけなのである。

ちなみに、維新後における鹿児島の平民たちの生活はどうであったかといえば、これは江戸時代と変わらぬ、極貧生活を強いられていたのである。他の県であれば、地租改正によって実際に田畑を耕作していた者、つまり農民に土地の所有権が与えられたのであるが、鹿児島の場合、ほとんどの農地は郷士の所有となり、わずかに残った土地が農民に与えられることになった。よって、鹿児島では地租改正で自作農になった百姓はほとんどおらず、江戸時代と同じように、小作人として働かざるを得なかった。

なぜ鹿児島には男尊女卑が今でも残っているのか

では農民以外の平民、すなわち商人や職人、ことに商人たちはどうであったかといえば、鹿児島の場合、そもそも江戸時代から商品経済がほとんど発達していなかった。そのことを本富はこう述べる。

もともと薩摩は九州のどん詰まりにあり、ことに江戸時代は他国との往来を絶ち、土地の産品を外に売るのもすべて藩の専売で、商人の出番はなかったし、また外城に暮らす郷士たちは飲食・衣服・農機具すべてを自作で間に合わせていたから、商人から買うものがない。よって、それぞれの外城の周りには商家が数軒あるのみというのが普通で、他の国とは様子が違う。城下の商人にしても、それらは士族たちの御用聞きのようなもので、商売を発展させようもなかった。

学校の教科書でも習うように、江戸時代はどこの土地でも商人たちが力を蓄え、武士たちは大名に至るまで商人からの借金で生活していたようなありさまであったわけだが、薩摩にはその商業資本がまったくと言っていいほど育っていなかった。

たとえば、今日でも鹿児島の老舗といえば山形屋《やまかたや》がその第一に数えられる。山形屋は南九州に五つのデパートを展開しているが、その名の示すとおり、「山形屋の始祖・初代源衛門は江戸中期元文三年（一七三八）に出羽《でわ》国山形に生まれる。宝暦元年（一七五一）当時山形の経済を支えていた紅花仲買《べにばななかがい》と呉服太物《ごふくふともの》行商を興《おこ》し、大阪・京都へ立ち回り、八面六臂《はちめんろっぴ》の大活躍をしていた」（同社ＨＰ）ところを、薩摩藩主の島津重豪が城下に商人誘致をしていることを知り、思い切って、薩摩にやってきたのであって、鹿児島から生まれた商人ではない。だいたい、藩主がわざわざ商人を他藩から招致するということ自体、これは他の藩ではありえない話である。

明治維新が起き、さらに西南戦争に敗けても薩摩士風がいささかも衰えなかった――悪く言うと、官尊民卑、男尊女卑の風が残った――背景にはこのような特殊事情があったのだ。本書の第7章でもいかに鹿児島では今でも男尊女卑が残っているかを記した。

風呂は男が先に入り、女はその残り湯を使う。男子の枕元を女子が歩くというのはまかりならん――などという風習が今なお生きていることに、隣県の熊本や宮崎の人々でさえ驚くのには、このような歴史的背景があったからだ。

薩摩の印象から「九州は男尊女卑だ」と思う人は多いが、実は「薩摩だから男尊女卑」なのであって、他の地方では明治維新とともに江戸時代のような男尊女卑は消えた――とまでは行かずとも、かなりその傾向は薄れた。

天照大神が女神であることにも象徴されているように、日本人の心性は基本的に「女尊男卑」である。豊穣のシンボルである女性のほうが貴い――長いこと、閉鎖的な社会に暮らし、英雄的な男性を必要としなかった国だけに、そのような感覚が実は強いのではないかと筆者は考えている。そして、もし、「いや、私は男性のほうが強いと思う」とおっしゃる男性方には「それはそのように女性に思わされているだけ、おだてられているだけですよ」と言いたいのだが、どうであろうか。

それはさておき、薩摩には男尊女卑も含めた「武士道」が今でも――もちろん、昔ほどではないにせよ――残っている。それは、こうした歴史事情があってのこと。

明治維新で日本中で滅びたはずの「武士」の末裔が、いまだこの地に残っている。その武士の末裔たちがふたたび歴史を動かす日がやってくるのか、それは筆者にも分からないが、「多様性」と呼ばれる価値観が広がっている今、薩摩のこの特異性はきっと何らかの形で日本全体、いや東アジアに何らかの貢献をなすのではないかという、ささやかな夢を筆者は抱いているのである。

1997年
天保通寳研究会『天保通寳と類似貨幣カタログ 本編　第二版』書信館出版、2017年
徳富蘇峰『近世日本国民史』時事通信社、1960-66年
徳永和喜『偽金づくりと明治維新』新人物往来社、2010年
中村明蔵『「さつま」から見る歴史断章』国分進行堂、2018年
中村明蔵『薩摩民衆支配の構造』南方新社、2000年
中村明蔵『隼人の古代史』吉川弘文館、2019年
中村明蔵『鹿児島県の近代化への道程（その一、その二）』鹿児島国際大学国際文化学部論集、2006-07年
名越護『鹿児島藩の廃仏毀釈』南方新社、2011年
新名一仁『島津貴久』戎光祥出版、2017年
新名一仁『島津四兄弟の九州統一戦』星海社新書、2017年
新名一仁（編）『中世島津氏研究の最前線』洋泉社、2018年
幕末軍事史研究会『武器と防具 幕末編』新紀元社、2008年
原口泉・他『鹿児島県の歴史』山川出版社、1999年
原口虎雄『鹿児島県の歴史』山川出版社、1973年
原口虎雄『幕末の薩摩―悲劇の改革者、調所笑左衛門』中公新書、1966年
藤田達生『藩とは何か』中公新書、2019年
牧野伸顕（序）『島津斉彬言行録』岩波文庫、1944年
松尾千歳『島津斉彬』戎光祥出版、2017年
松下志朗『鹿児島藩の民衆と生活』南方新社、2006年
毛利敏彦『明治六年政変』中公新書、1979年
山岸俊男『日本の「安心」はなぜ、消えたのか』集英社インターナショナル、2008年
山本博文『「関ヶ原」の決算書』新潮新書、2020年
米窪明美『島津家の戦争』ちくま文庫、2017年
渡部昇一『ローマ人の知恵』集英社インターナショナル、2003年
阿達義雄『薩摩藩密鋳天保通宝の数量』新潟青陵女子短期大学研究報告 、1982年
大西郷全集刊行会編『大西郷全集　全3巻　復刻版』平凡社、1977年
芳即正・塚田公彦（監修）『鹿児島県風土記』旺文社、1995年

参考文献一覧

坂田吉雄『明治維新史』未來社、1960年
坂田吉雄（編）『明治維新史の問題点』未來社、1962年
安藤保『郷中教育と薩摩士風の研究』南方新社、2013年
安藤保『琉球通宝の鋳銭と安田轍蔵（上・下）』九州文化史研究所紀要（42・43）、1999年
家近良樹『西郷隆盛と幕末維新の政局』ミネルヴァ書房、2011年
家近良樹『西郷隆盛：人を相手にせず、天を相手にせよ』ミネルヴァ書房、2017年
猪飼隆明『西郷隆盛―西南戦争への道』岩波新書、1992年
猪飼隆明『西南戦争』吉川弘文館、2008年
神川武利『大警視・川路利良』PHP研究書、2003年
河野弘善『西郷金貨の謎』講談社出版サービスセンター、2008年
川道麟太郎『西郷隆盛』ちくま新書、2017年
芳即正『島津久光と明治維新』新人物往来社、2002年
芳即正『島津斉彬』吉川弘文館、1993年
芳即正『薩摩藩鋳銭事業と市来四郎の安田轍蔵擁護運動』地域・人間・科学、2003年
桑原隲蔵『中国の孝道』講談社学術文庫、1977年
小室直樹『日本人のための憲法原論』集英社インターナショナル、2006年
坂野潤治『西郷隆盛と明治維新』講談社現代新書、2013年
佐々木克『幕末政治と薩摩藩』吉川弘文館、2004年
佐々木克『大久保利通と明治維新』吉川弘文館、1998年
ジェイコブズ，ジェイン『市場の倫理　統治の倫理』ちくま学芸文庫、2016年
篠田鉱造『増補　幕末百話』岩波文庫、1996年
瀧澤武雄・西脇康（編）『日本史小百科　貨幣』東京堂出版、1999年
谷川健一他（編）『日本庶民生活史料集成　第12巻　世相　2』三一書房、1971年
谷沢永一『文豪たちの大喧嘩』ちくま文庫、2012年
谷沢永一・渡部昇一『こんな「歴史」に誰がした』クレスト社、

あとがき

本書は、明治維新の知られざる原動力となったのが、薩摩藩が最初に作り、その後に他藩が追従することになった天保通宝の、大量にして組織的な偽造であったということを解き明かし、それとともに国家の柱である通貨を、藩を挙げて偽造する薩摩という国の「国柄」を解き明かすという――すでに二度も「解き明かす」という大仰な言葉を使ってしまった――歴史エッセイである。

この本が出来たそもそものきっかけは、二〇〇八年から参加している『月刊日本』（本書の版元である）が主宰している、『太平記』の勉強会に始まる。講師となるのは作家の佐藤優《まさる》さんで、毎回だいたい二〇人程度集まっている同人が小学館版の『太平記』全四巻の原文と現代語訳を輪読し、それに佐藤さんがコメントを付けていく。

この勉強会は足かけ一〇年かけて最終巻まで読み終わり、無事終了したのだが、その勉強会のあとに決まって、同人たちが「直会《なおらい》」と称して、打ち上げをした。たいていは会場のそばにある、庶民的な居酒屋や中華料理屋なのだが、『月刊日本』の主幹である南丘喜八郎《みなみおかきはちろう》さんや、先年、惜しくも逝去なさった山浦嘉久《やまうらよしひさ》論説委員を中心にして、右も左もいる仲間たちと酒を飲みながら、時事問題や与野党政治家の月旦《げったん》などを語り合うのは実に愉快だった。

で、そこで愉快なままに止めておけばいいのに、酒の勢いに任せ、坂田吉雄（歴史家）の受け売りで「薩摩藩テロリスト説」を滔々《とうとう》と述べたのを聞きつけた南丘主幹が「それは面白い！　ぜひ、月刊日本に連載してください」と慫慂《しょうよう》なさり、またも調子に乗って私が「分かりました！」と返事したのが、この本の始まりである（『月刊日本』二〇一八年四月号～二〇一九年一二月号。全二〇回）。

人生初めての連載を始めてみてよく分かったのは「モノを書くのは大変なことだ」ということだった。私の本職は書籍の編集者で、著者に原稿用紙にして何百枚もの原稿を書いていただくのが仕事だが、自分でゼロから書いてみて初めて「著者の苦労」というものをつくづく知った。毎月、七〇〇〇文字程度、四〇〇字の原稿用紙で一七、八枚の原稿だが、それでも書き出す前の構想や、資料探しなどはけっこうな仕事であった。

で、ようよう連載二〇回にして「卒業」のお許しが出たのだが、今度はそれを本にせよと、『月刊日本』編集長の坪内隆彦《つぼうちたかひこ》さんからのご下命である。

ここだけの話だが、雑誌で毎月、エッセイを書くのは大変だが、それでもまだ気は楽である。しょせんは与太話と世間も許してくれる。が、本、それも歴史にまつわる本を作るというのは別物で、世の中には私の数十倍もの歴史の知識を持った人が日本にはゴロゴロいて、誤植の一つもあろうものならば編集部に、ご丁寧に電話がかかってくる。そういう世界だ。

そこに向けて、いかに「これは『歴史書』ではありませんよ、『歴史エッセイ』ですよ」と言っても、通用するものではない。身《み》の程《ほど》を知っている私としては、ここは断わるの一手であるはずなのだが、気の弱いせいか、それとも著者に断わられる編集者がいかに切ないかを知っているせいなのか、私はついつい「はい」と返事をしてしまったわけである。

まあ、言い訳はこのくらいにしておくとして、私にとって幸いだったのは、これまでにたくさんの碩学、知的巨人、歩く百科事典といった著者の先生方の、直接授業を受けたことだった。私自身は半ちくな編集者だが、担当した著者だけは綺羅《きら》、星のごとくであった。この原稿が何とかゴールにたどり着けたのも、この先生がたの薫陶があってのことだというのは、本書をお読みになった読者ならばよくお分かりであろうと思う。多くは今や泉下の人となられたが、そうした諸先生方に深く感謝したい。

それにしても、坪内編集長には長くお待たせしてしまって申し訳ないことをした。坪内さんは一言も催促めいたことをおっしゃらない。しかし、それだけに著者としてはプレッシャーも感じるタイプなので、この方がいなければ本にすることはできなかったと思う。改めて坪